깨어라!
이스라엘

깨어라!
이스라엘

| 이재록 목사 |

우림

CONTENTS

펴내는 글

• • •

20세기에 이르러 아무도 살고 싶지 않았던 불모의 땅 팔레스타인에 놀라운 일이 일어났습니다. 동유럽과 러시아 등 전 세계에 흩어진 유대인들이 엉겅퀴가 부성한 황무지, 가난과 굶주림, 질병과 고통이 따르는 그 땅으로 모여들었습니다.

그리고 말라리아와 굶주림으로 수많은 사람이 죽어가면서도 강한 신앙과 높은 이상을 잃지 않고 모든 역경을 극복하며 키부츠(이스라엘의 농촌 공동체)를 건설해 나갔습니다. "만약 너희가 그것을 할 의지가 있으면 그것은 꿈이 아니다."라는 시온주의 창시자 데오도르 헤르즐의 말대로 이스라엘의 회복을 현실로 이룬 것입니다.

사실상 이스라엘 회복은 불가능한 꿈이라고 여겨 아무도 믿으려 하지 않았습니다. 그러나 유대인들은 이루어 냈고 마침내 이스라엘 공화국이 탄생하여 약 1,900년 만에 나라를 되찾는 기적이 일어났습니다.

이스라엘은 참으로 오랜 세월 세계 각지에 흩어져 극심한 박해와 고난을 당하면서도 자신들의 종교와 문화, 언어를 고수하며 발전시켜 왔습니다. 그리고 건국한 후에는 황무지를 개간하고 각종 산업을 일으켜 선진국 대열에 섰으며 주변국의 계속되는 도전과 생존 위협 속에서도 건재합니다. 참으로 놀라운 민족이 아닐 수 없습니다.

1982년, 제가 교회를 개척한 이후 하나님께서는 성령의 감동 가운데 이스라엘에 대해 많은 것을 알려 주셨습니다. 이스라엘의 독립은 마지막 때의 징조이며 성경에 기록된 예언의 성취이기 때문입니다.

"열방이여 너희는 나 여호와의 말을 듣고
먼 섬에 전파하여 이르기를 이스라엘을 흩으신 자가
그를 모으시고 목자가 그 양무리에게 행함같이
그를 지키시리로다" (예레미야 31:10)

하나님께서는 인간을 창조하고 경작하는 섭리를 알려 주고자 이스라엘 민족을 선택하셨습니다. 믿음의 조상 아브라함의 손자인 야곱을 이스라엘의 조상으로 삼고 그 후손에게 하나님의 뜻을 선포하며 인간 경작의 섭리를 이루십니다.

이스라엘이 하나님 말씀을 믿고 순종하면서 그 뜻 가운데 살 때에는 뛰어난 민족으로서 큰 영화를 누렸습니다. 반면에 하나님을 멀리하고 불순종할 때에는 주변 나라의 침략을 받으며 전 세계로 흩어져

깨어라 이스라엘

정처없이 이리저리 떠도는 등 많은 고난을 받아야 했습니다.

그러나 이스라엘이 죄 때문에 어려움에 처했을 때에도 하나님께서는 결코 그들을 잊지 않고 버리지 않으셨습니다. 이스라엘은 항상 하나님과 아브라함의 언약 안에 있었습니다. 하나님 역시 그들을 위해 쉬지 않고 일하셨습니다.

이러한 특별한 보호와 인도 가운데 이스라엘은 끊임없이 존속하였고 마침내 독립하여 세계 위에 뛰어난 민족이 되었습니다.

많은 사람이 "유대인의 생존은 기적이다."라고 말합니다. 유대 민족이 세계 곳곳에 흩어져 받은 박해와 핍박은 상상을 초월하는 것이기 때문에 이스라엘의 역사만 보아도 성경이 사실이라는 것을 증명할 수 있습니다.

그런데 유대인들이 받은 박해와 핍박보다 더 극심한 환난이 예수 그리스도의 공중 강림 이후에 시작됩니다. 물론 예수를 구세주로 영접한 사람들은 휴거되어 주님과 함께 혼인 잔치에 들어가지만, 그렇지 않은 사람들은 이 땅에 남아 7년 대환난을 겪습니다.

"만군의 여호와가 이르노라
　보라 극렬한 풀무불 같은 날이 이르리니
　교만한 자와 악을 행하는 자는 다 초개 같을 것이라
　그 이르는 날이 그들을 살라
　그 뿌리와 가지를 남기지 아니할 것이로되" (말라기 4:1)

하나님의 선민 이스라엘이 하루 속히 2천여 년 전에 오신 예수 그리스도를 구세주로 영접하여 7년 대환난에 떨어지는 영혼이 하나도 없기를 간절히 바라는 바입니다.

그런 바람 가운데 하나로 유대 민족의 메시아에 대한 오랜 갈망과 끊임없이 고개드는 의문을 해결해 줄 수 있는 귀한 책자를 발간하였습니다.

책자를 대하는 분마다 하나님의 애끓는 사랑의 메시지에 귀 기울이며 하나님이 보내신 메시아를 신속히 만날 수 있기를 간절히 기도합니다. 여러분을 진심으로 사랑합니다.

2007년 11월

겟세마네 기도처에서 이 재 록 목사

글머리에

• • •

마지막 때에 『깨어라 이스라엘』 책자를 발간할 수 있도록 인도하고 축복하신 아버지 하나님께 모든 감사와 영광을 돌립니다. 이 책은 하나님의 선민 이스라엘을 깨우고 구원하려는 하나님의 뜻에 따라 펴내게 되었습니다. 따라서 마지막 때에 한 영혼도 잃지 않고 모든 사람이 구원에 이르기를 원하는 하나님의 크신 사랑이 담겨 있습니다.

1장 「하나님의 선민 이스라엘」 편에서는 하나님께서 이 땅에 사람을 지어 경작하시는 이유와 특별히 이스라엘을 선민으로 택하고 주관하시는 섭리에 대해 설명하였습니다.

그리고 인간 경작의 모델인 이스라엘의 위대한 조상들을 소개하면서 다윗의 자손에서 만민을 구원할 메시아가 태어날 것이라 예언된 대로 이 땅에 오신 예수님에 대한 증언을 다루고 있습니다.

2장 「하나님의 보내심을 입은 메시아」 편에서는 성경에 예언된 메시아의 모습을 통해 예수님이 바로 이스라엘이 그토록 열망하는 메시아라는 사실과 이스라엘의 토지 무르기 법에 따른 구세주의 조건에 합당한 예수 그리스도를 증거하였습니다.

또한 구약 성경의 메시아에 대한 예언이 어떻게 예수 그리스도를 통해 성취되었으며 이스라엘 역사와 예수님의 죽음이 어떤 관계에 있는지 알려 줍니다.

3장 「이스라엘이 믿는 하나님」 편에서는 오늘날에도 율법과 유전을 철저히 지키는 이스라엘 모습을 살펴보면서 진정 하나님께서 원하시는 것은 무엇인지 설명합니다.

이와 함께 이스라엘이 스스로 만든 유전 때문에 오히려 하나님의 뜻에서 멀어진 분야를 언급하면서 율법을 주신 하나님의 참뜻을 깨달아 사랑으로 완성할 것을 권면하였습니다.

4장 「깨어 들을지어다」 편에서는 우리가 살아가는 지금이 성경에 예언된 마지막 때임을 알려 주면서 적그리스도의 등장과 임박한 7년 대환난의 흐름을 살펴보았습니다.

또한 선민 이스라엘을 끝까지 사랑하시는 하나님께서 인간 경작의 마지막 순간까지 그들을 구원하기 위해 예비하신 두 가지 비밀에 대해 증거하면서 마지막 구원의 기회를 잃지 않도록 당부하였습니다.

　사랑의 하나님께서는 첫 사람 아담이 불순종의 죄를 짓고 에덴동산에서 쫓겨난 후 이스라엘 땅에서 살게 하셨습니다. 그리고 인간 경작의 섭리를 베풀며 참 자녀를 얻고자 부모의 마음보다 더한 사랑으로 수천 년 동안 기다리셨고 지금도 기다리십니다.

　이제 더 이상 지체할 시간이 없습니다. 진정 마지막 때임을 깨달아 만왕의 왕, 만주의 주로 다시 오실 주님을 맞이할 수 있기를 간절히 기도드립니다.

2007년 11월

빈 금 선 편집국장

글머리에

1장

• • •

하나님의 선민 이스라엘

인간 경작의 시작

이스라엘 백성을 애굽의 노예생활로부터 해방시켜 약속의 땅 가나안으로 인도한 위대한 지도자이며, 하나님의 대행자인 모세는 창세기를 다음과 같이 시작합니다.

"태초에 하나님이 천지를 창조하시니라" (창세기 1:1)

하나님께서는 엿새 동안 천지 만물을 창조하고 일곱째 날에 안식하며 그날을 복 주고 거룩하게 하셨습니다. 그러면 왜 천지 만물을 창조하신 것일까요? 첫 사람 아담 이후부터 오늘날에까지 수많은 사람

하나님의 선민 이스라엘

이 이 땅에 삶을 이어가도록 역사한 이유는 무엇일까요?

영원히 사랑을 주고받을 수 있는 존재를 원하신 하나님

천지 만물을 만들기 전에 하나님께서는 무한한 우주 공간에서 소리를 머금은 빛으로 계셨습니다. 홀로 오랜 세월을 지내다 영원히 사랑을 주고받을 수 있는 존재를 원하셨습니다.

하나님께서는 창조주의 능력 자체인 신성(神性)뿐만 아니라, 희로애락을 느끼며 누군가와 사랑을 주고받기 원하는 인성(人性)을 지니셨습니다. 성경을 보면 하나님께서도 인성을 지닌 사실을 알 수 있는 내용이 곳곳에 나옵니다. 이스라엘 백성이 의를 행하면 기뻐하고 즐거워하지만(신 10:15, 잠 16:7) 범죄하면 슬퍼하고 탄식하며 진노하시는 것을 볼 수 있습니다(출 32:10, 민 11:1, 민 32:13).

사람도 간혹 홀로 있고 싶을 때가 있지만 서로 마음을 주고받을 수 있는 벗이 있다면 더욱 행복하고 즐거울 것입니다. 하나님에게도 인성이 있어서 서로의 마음을 헤아리며 사랑을 주고받을 수 있는 대상을 원하셨습니다.

'이 넓고도 오묘한 공간에서 내 마음을 알아 서로 사랑을 주고받을 수 있는 자녀가 있다면 얼마나 행복하고 감동이 될까?'

그래서 어느 시점에 이르러 하나님 닮은 참 자녀를 얻을 계획을 세우셨습니다. 이를 위해 영의 세계를 창조하고 인간이 살아갈 육의 세계를 창조하신 것입니다.

혹시 '하늘에는 순종 잘하는 천군 천사가 많이 있는데 왜 굳이 사람을 창조한 것일까?' 궁금하게 여길 수도 있습니다. 그러나 이들은 몇몇 천사를 제외하고는 사랑을 주고받는 데에 가장 중요한 인성, 곧 스스로 선택할 수 있는 자유 의지가 없습니다. 마치 로봇과 같아서 시키는 대로 순종은 잘하지만 희로애락을 느끼지 못하니 마음 중심에서 우러나오는 사랑을 주고받을 수 없는 것입니다.

가령 두 자녀가 있는데, 한 자녀는 시키는 대로 순종만 할 뿐 아무런 감정도 없는 듯이 자신의 의견이나 사랑을 전혀 표현하지 않습니다. 반면에 다른 자녀는 자신의 의지 가운데 때로는 부모를 서운케 하지만 이내 돌이키며 부모에게 사랑스럽게 매달리기도 하고 여러 가지로 자신의 마음을 표현하기도 합니다.

그렇다면 여러분은 두 자녀 중에 어떤 자녀를 더 원하시겠습니까? 당연히 후자일 것입니다. 또한 여러분의 가정에 로봇이 있어 모든 가사를 대신해 준다고 해서 자녀보다 로봇을 더 원하는 분은 없을 것입니다. 마찬가지로 하나님께서도 로봇과 같은 천군 천사보다는 이성과 감정을 가지고 자유 의지 가운데 즐거이 순종하는 사람을 원하셨습니다.

참 자녀를 얻기 위한 하나님의 섭리

하나님께서는 첫 사람 아담을 지은 뒤 에덴동산을 만들어 그곳을 다스리며 살아가게 하셨습니다. 풍요로운 에덴동산에서 만물의 영장으로서 마음껏 권세를 누리며 살아갈 수 있도록 자유 의지를 주시되 단 한 가지 금하신 것이 있었습니다.

> "동산 각종 나무의 실과는 네가 임의로 먹되
> 선악을 알게 하는 나무의 실과는 먹지 말라
> 네가 먹는 날에는 정녕 죽으리라" (창세기 2:16-17)

이는 창조주와 피조물 사이에 질서를 세운 것으로서 하나님께서는 아담이 자유 의지 가운데 마음 중심에서 순종하기를 원하셨습니다. 그러나 오랜 세월이 지나자 아담은 하나님 말씀을 어기고 선악과를 따먹습니다. 불순종의 죄를 범한 것이지요.

창세기 3장을 보면 사단의 사주를 받은 뱀이 하와에게 "하나님이 참으로 너희더러 동산 모든 나무의 실과를 먹지 말라 하시더냐?" 묻는 장면이 나옵니다. 이에 하와는 "동산 중앙에 있는 나무의 실과는 하나님의 말씀에 너희는 먹지도 말고 만지지도 말라 너희가 죽을까 하노라" 하셨다고 대답합니다.

하나님께서는 분명히 "선악을 알게 하는 나무의 실과는 먹지 말라 네가 먹는 날에는 정녕 죽으리라" 말씀하셨는데 "너희가 죽을까 하노라"로 변개하여 대답한 것입니다.

이처럼 하나님 말씀을 명심하지 못한 사실을 알았기 때문에 뱀은 "너희가 결코 죽지 아니하리라 너희가 그것을 먹는 날에는 너희 눈이

밝아 하나님과 같이 되어 선악을 알 줄을 하나님이 아심이니라" 하면서 더욱 적극적으로 유혹하였습니다.

사단이 여자의 생각을 통해 욕심을 불어넣으니 선악을 알게 하는 나무가 예전과 다르게 보였습니다. 먹음직도 하고 보암직도 하며 지혜롭게 할 만큼 탐스러운 나머지 여자가 실과를 따먹고 자기와 함께한 남편에게 주어 그도 먹고 만 것입니다.

그리하여 아담과 하와는 하나님 말씀에 불순종하는 죄를 범하여 정녕 죽게 되었습니다(창 2:17). 여기서 말하는 죽음이란 단순히 호흡이 끊어지는 육체의 죽음이 아니라 영의 죽음을 뜻합니다. 아담은 불순종의 죄를 범한 후에도 자녀를 낳고 구백삼십 세를 향수했습니다(창 5:2-5). 이를 통해 육체의 죽음이 아니라 영의 죽음이라는 것을 분명히 알 수 있습니다.

본래 사람은 영, 혼, 육으로 창조되었습니다. 곧 하나님과 교통할 수 있는 영과, 영의 지배를 받는 혼, 그리고 영과 혼의 장막인 육으로 구성된 것입니다. 그런데 죄를 범하여 영이 죽어 하나님과 교통이 끊어졌습니다. 이것이 바로 하나님께서 말씀하시는 죽음의 의미입니다.

그 후 아담과 하와는 아름답고 풍요로운 에덴동산에서 이 땅으로 쫓겨나야 했습니다. 이때부터 모든 인류의 고난이 시작되었습니다. 여자는 잉태하는 고통이 커져서 수고하며 자식을 낳아야 했고, 남편을 사모하고 다스림을 받아야 했으며, 남자는 저주받은 땅에서 평생 수고하여야 소산을 먹을 수 있게 되었습니다(창 3:16-17).

이에 대해 창세기 3장 23절을 보면 "여호와 하나님이 에덴동산에서 그 사람을 내어보내어 그의 근본된 토지를 갈게 하시니라" 말씀합니다. 여기서 토지를 간다는 것은 아담이 이 땅에 살면서 식물을 얻기 위해 경작하는 것만이 아니라, 흙으로 지어진 자신이 이 땅에서 경작됨을 의미합니다.

아담의 범죄로 시작된 인간 경작

생령 아담은 마음에 악 자체가 없었기 때문에 그의 근본된 토지를 갈아야 할 필요가 없었습니다. 그런데 범죄한 뒤부터 마음이 비진리로 물들었기 때문에 마음밭을 개간하여 타락하기 이전처럼 깨끗하게 만들어 가야 했습니다.

이처럼 흙으로 지은 아담이 죄로 인해 더럽혀진 마음을 개간하고 하나님의 참 자녀로 나오는 삶의 과정을 가리켜 "그의 근본된 토지를 갈게 하시니라" 말씀하신 것입니다.

일반적으로 '경작'이란 농부가 씨를 뿌리고 가꾸는 수고로써 열매를 얻는 과정을 말합니다. 하나님께서도 인간을 경작하는 수고로써 참 자녀라는 열매를 얻고자 아담과 하와라는 첫 번째 씨앗을 이 땅에 심으셨습니다. 그 결과 오늘날에까지 아담의 후손이 헤아릴 수 없이 태어나 마음밭을 개간하여 잃어버린 하나님 형상을 회복한 자녀들로 거듭나고 있습니다.

이처럼 하나님께서 참 자녀를 얻기 위해 사람을 창조하고 마지막 심판에 이르기까지 모든 인류 역사를 주관하시는 과정을 '인간 경작'이라 표현합니다.

농부가 알곡을 얻기 위해 씨를 뿌린 후 홍수와 가뭄, 서리와 우박, 해충의 피해 등 여러 가지 어려움을 이기고 마침내 아름답고 탐스런 열매를 거둡니다. 이처럼 사람들도 이 땅의 삶에서 사망과 질병, 이별, 그 밖의 여러 고통을 겪으며 하나님께서 원하시는 참 자녀의 모습으로 나오고 있습니다. 바로 여기에 선악과를 둔 이유가 있습니다.

에덴동산에 선악과를 두신 이유

어떤 사람들은 "왜 하나님께서 선악과를 두어 사람이 범죄하고 멸망으로 가게 하셨느냐."고 묻기도 합니다. 그런데 선악과를 둔 것은 사람으로 하여금 상대성을 알게 하기 위한 하나님의 놀라운 섭리입니다.

대다수의 사람이 눈물, 슬픔, 질병, 고통이 없으며 평화만 있는 에덴동산에서의 아담과 하와가 아주 행복했을 것이라고 생각합니다. 하지만 아담과 하와는 상대성을 모르기 때문에 참 행복과 사랑을 알지 못했습니다.

예컨대, 부유하여 아무 부족함 없는 가정에서 자란 아이와 가정 형편이 매우 어려운 아이에게 똑같은 장난감을 선물한다면 어떤 반응을 보일까요? 항상 풍족한 가운데 자란 아이보다 가난한 집에서 자란 아이가 더 감사하며 행복해할 것입니다.

하나님의 선민 이스라엘

이처럼 어떤 것의 가치를 제대로 알려면 그와 반대되는 것을 경험해 보아야 합니다. 건강이 얼마나 중요한지는 질병으로 고통받아 본 사람이라야 더욱 절실히 느낄 수 있고, 사망과 지옥이 있다는 것을 알 때에 생명의 귀중함을 알고 영원한 천국을 주신 하나님께 마음 중심으로 감사하는 것입니다.

첫 사람 아담은 땀 흘려 수고하여 얻지 않았기 때문에 소산에 대한 소중함과 고마움을 알지 못하였습니다. 선악과를 따먹는 불순종의 죄를 범하고 이 땅으로 쫓겨나 눈물, 슬픔, 질병, 고통, 불행, 죽음 등을 체험한 후에야 비로소 행복과 불행이 무엇인지, 하나님 안에서의 자유와 풍요로움이 얼마나 값진 것이었는지 깨달았습니다.

우리가 행복과 불행이 무엇인지 모른 채 영원히 산다면 무슨 의미가 있겠습니까? 비록 잠시 고생한다 할지라도 나중에 '이것이 바로 행복이구나.'라고 느낄 수 있다면 그것이 더욱 가치 있고 복된 삶일 것입니다.

공부하는 것이 힘들다 하여 자녀를 학교에 보내지 않고 마음대로 놀게 할 부모가 어디 있겠습니까? 진정 자녀를 사랑한다면 비록 고생스럽고 힘들더라도 더 나은 내일을 위해 열심히 공부하고 다양한 경험을 쌓도록 이끌어 줄 것입니다.

이 땅에 인간을 경작하시는 하나님 마음도 이러한 부모 마음과 같습니다. 그래서 하나님께서는 선악과를 두고 아담이 자유 의지에 따라 따먹는 것을 막지 않았으며 인간 경작을 통해 모든 희로애락(喜怒

哀樂)을 경험하도록 섭리하셨습니다. 상대성을 체험하고 진정한 사랑과 기쁨, 감사가 무엇인지 깨달았을 때에 사랑과 진리 자체인 하나님을 마음 중심에서 사랑하며 경외할 수 있기 때문입니다.

하나님께서는 이러한 과정을 통해 하나님의 사랑을 알고 그 마음을 닮은 참 자녀를 얻어 천국에서 영원히 사랑을 나누며 행복하게 살기 원하신 것입니다.

이스라엘 땅에서 시작된 인간 경작

첫 사람 아담이 하나님 말씀에 불순종하여 에덴동산에서 쫓겨날 때에 하나님께서는 아담에게 선택권을 주지 않고 정착지를 정해 주셨습니다. 그 땅이 바로 이스라엘 지역입니다.

여기에는 하나님의 뜻과 섭리가 담겨 있습니다. 인간 경작의 원대한 계획을 세운 하나님께서는 그 모델이 될 민족으로 이스라엘을 택하셨습니다. 그래서 장차 이스라엘 민족이 태동할 땅에 아담이 살아가도록 역사한 것입니다.

세월이 흘러 아담의 후손으로부터 수많은 민족이 갈라졌는데 아브라함의 후손인 야곱의 때에 이르러 이스라엘 민족이 형성되었습니다. 하나님께서는 이스라엘 역사를 통해 세상의 모든 사람 앞에 하나님 영광을 드러내며 인간을 경작하는 섭리를 알리기 원하셨습니다.

그러므로 하나님께서 친히 주관하시는 이스라엘 민족의 역사는 인간 경작의 모델이며 단순히 한 민족만의 역사가 아니라 온 인류를 향한 메시지입니다.

이처럼 하나님께서 인간 경작의 모델로서 이스라엘을 선택한 이유는 무엇일까요? 바로 이스라엘의 뛰어난 민족성, 즉 그들의 마음 중심 때문입니다.

이스라엘은 믿음의 조상 아브라함의 후손이고, '하나님과 겨루어 이겼다' 할 정도로 끈기 있는 야곱의 후손입니다. 그러니 이스라엘 민족은 나라를 잃고 오랜 세월 방랑생활을 하면서도 자신들의 정체성을 잃지 않았습니다.

무엇보다도 이스라엘 민족은 하나님의 사람들을 통하여 전해진 하나님 말씀을 수천 년 동안 변함없이 보존했으며, 그 계명대로 지켜 행했습니다. 물론 온 나라가 하나님의 계명을 멀리하여 범죄하는 경우도 있었지만 결국 회개하고 돌아왔으며, 결코 여호와 하나님에 대한 신앙을 잃지 않은 것입니다.

이스라엘이 독립 국가로서 회복된 사실만 보아도 그들이 어떤 중심을 가졌는지 단적으로 알 수 있습니다.

에스겔 38장 8절을 보면 "여러 날 후 곧 말년에 네가 명령을 받고 그 땅 곧 오래 황무하였던 이스라엘 산에 이르리니 그 땅 백성은 칼을 벗어나서 열국에서부터 모여들어 오며 이방에서부터 나와서 다 평안히 거하는 중이라" 말씀하고 있습니다. 여기서 '말년'이란 인간 경작이 끝나는 마지막 때를 의미합니다. 또한 '이스라엘 산'이란 해발

약 790미터의 고원지대에 위치한 예루살렘을 의미합니다.

그러므로 말년에 많은 백성이 열국에서부터 모여들어 온다는 것은, 마지막 때에 전 세계에 흩어진 이스라엘 백성이 모여들어 나라가 재건됨을 뜻합니다. 과연 하나님 말씀대로 이스라엘은 서기 70년 로마에 의해 멸망했다가 1948년 5월 14일에 건국을 선포하였습니다. 그 당시에는 황무한 땅에 지나지 않았으나 지금은 어느 나라도 함부로 할 수 없는 강한 국가가 된 것입니다.

하나님께서 이스라엘 민족을 선택하신 목적

하나님께서 이스라엘 땅에서 인간 경작을 시작하고 그들을 택하여 역사를 주관하시는 이유는 무엇일까요?

첫째로, 이스라엘의 역사를 통하여 천지 만물의 창조주이며 대주재인 여호와 하나님만이 참 신이심을 만방에 선포하기 위해서입니다. 비록 이방인이라 할지라도 이스라엘의 역사를 보면 살아 계신 하나님을 느낄 수 있고 인류 역사를 주관하는 섭리를 깨우칠 수 있습니다.

"너를 여호와의 이름으로 일컬음을

세계 만민이 보고 너를 두려워하리라" (신명기 28:10)

"이스라엘이여 너는 행복자로다

여호와의 구원을 너같이 얻은 백성이 누구뇨

그는 너를 돕는 방패시요 너의 영광의 칼이시로다

네 대적이 네게 복종하리니 네가 그들의 높은 곳을 밟으리로다”

(신명기 33:29)

이렇게 이스라엘은 하나님의 선민으로서 큰 특권을 누렸습니다. 이스라엘 역사를 보면 자세히 알 수 있습니다. 예를 들어, 출애굽 당시 하나님께서 홍해를 가르게 하신 일과 이스라엘 백성이 아모리 사람의 두 왕 시혼과 옥에게 한 일, 곧 그들을 전멸시킨 일을 들음으로 주변 나라에서 이스라엘 백성을 몹시 두려워하였고 간담이 녹았습니다. 심지어 이스라엘의 연고로 정신을 잃었다는 기록이 나옵니다(수 2:9-11).

바벨론 포로 시절에도 다니엘과 함께하는 하나님을 체험한 이방인 느부갓네살 왕은 “하늘의 왕을 찬양하며 칭송하며 존경하노니 그의 일이 다 진실하고 그의 행하심이 의로우시므로 무릇 교만하게 행하는 자를 그가 능히 낮추심이니라” 하며 여호와 하나님을 찬양하였습니다(단 4장).

페르시아의 지배를 받을 때에도 왕후 에스더의 기도를 들은 하나님께서 살아 역사하시는 것을 보고 본토의 많은 백성이 유다인을 두려워하여 스스로 유다인이 되었습니다(에 8:17).

이스라엘을 통해 살아 계신 하나님을 체험할 때 이방 민족이라 할지라도 하나님을 경외하게 되었으며 후세 사람들도 이러한 역사를 통

깨어라 이스라엘

해 하나님의 위대하심을 알고 경외하는 것입니다.

둘째로, 이스라엘을 택하여 친히 주관하신 목적은 그들의 역사를 통해 인간을 창조하고 경작하는 이유를 깨닫게 하기 위해서입니다.

하나님께서 인간을 경작하시는 이유는 참 자녀를 얻는 데에 있습니다. 참 자녀가 되려면 선과 사랑 자체이고 공의로우며 거룩하신 하나님을 닮아야 합니다. 하나님께서는 하나님을 사랑하여 그 뜻대로 지켜 행하는 자녀를 원하시기 때문입니다.

이스라엘이 계명을 지켜 행하며 하나님만 사랑하고 섬길 때에는 하나님께서 모든 열방과 민족 가운데 높여 주셨습니다. 반면에 우상을 섬기고 계명을 버릴 때에는 전쟁과 자연 재해 등 많은 재앙으로 고난을 겪었습니다.

솔로몬 왕의 경우에도 하나님을 사랑하고 계명을 지켰을 때에는 큰 영화를 누렸지만 하나님을 멀리하고 우상을 섬기니 영화가 쇠하였습니다. 또한 하나님의 법 가운데 살던 다윗이나 여호사밧, 히스기야의 시대에는 나라가 강성했지만 하나님을 멀리한 왕들이 다스릴 때에는 쇠퇴하고 다른 나라의 침략을 받기도 했습니다.

이처럼 하나님의 뜻이 명확하게 드러나는 이스라엘의 역사는 모든 민족에게 하나님께서 원하시는 바를 깨닫게 하는 거울이 됩니다. 곧 하나님 형상을 따라 지은 사람이 계명을 지켜 행하며 거룩하고 성결한 자녀가 되어야 축복과 은총이 임한다는 사실을 알려 주는 것입니다.

모든 열방과 족속 중에 하나님의 섭리를 드러내고자 선택된 이스라엘 민족은 큰 축복을 받았습니다. 하나님 말씀을 맡은 제사장의 나라로서 하나님을 섬기며 얼마나 놀라운 사랑과 은총을 받았습니까. 혹여 범죄하였다 할지라도 겸비한 마음으로 회개하고 돌이키면 위대한 조상들에게 약속한 말씀에 따라 용서하고 회복시키신 것입니다.

이 외에도 이스라엘이 받은 특별한 축복이 있습니다. 바로 그들 가운데 메시아가 오리라는 큰 영광의 약속이 포함되어 있습니다.

위대한 조상들

하나님께서는 장구한 역사 속에서 이스라엘의 이름이 사라지지 않도록 친히 보호하고 인도하며 시대마다 위대한 하나님의 사람들을 예비하셨습니다. 이들은 인간 경작의 섭리에 합당한 열매로서 하나님을 사랑하여 말씀 안에 살았습니다. 하나님께서는 이스라엘의 위대한 조상들을 통해 이스라엘이라는 한 나라의 중요한 기점을 이어 가신 것입니다.

위대한 믿음의 조상 아브라함

민족의 태동을 위한 믿음의 조상 아브라함은 오직 믿음과 순종의 사람이었습니다. 4천여 년 전 갈대아 우르에서 태어나 '하나님의 벗'

하나님의 선민 이스라엘

이라 불릴 만큼 하나님의 사랑과 인정을 받았던 것입니다. 창세기를 보면 하나님께서 아브라함에게 본토 친척 아비 집을 떠나라 명하시는 장면이 나옵니다.

"너는 너의 본토 친척 아비 집을 떠나

내가 네게 지시할 땅으로 가라

내가 너로 큰 민족을 이루고 네게 복을 주어

네 이름을 창대케 하리니 너는 복의 근원이 될지라"

(창세기 12:1-2)

당시 아브라함은 젊은 나이도 아니었고 대를 이을 후사도 없었으며 목적지가 정해진 것도 아니어서 순종하는 것이 결코 쉬운 일이 아니었습니다. 그러나 아브라함은 갈 바를 알지 못한 채 오직 말씀에 따라 떠났습니다. 식언치 않으시는 하나님을 온전히 믿었기 때문입니다.

그렇게 믿음으로 행하니 일생 동안 하나님께서 약속하신 모든 축복을 받아 누렸습니다. 아브라함은 하나님 앞에 온전히 순종하였을 뿐 아니라 사람에게도 항상 선과 화평을 좇았습니다.

예컨대 아브라함이 하나님의 지시를 따라 하란을 떠날 때 조카 롯도 함께하였습니다. 그런데 그들의 소유가 불어나면서 서로 동거할 수 없는 상황이 됩니다. 목초지와 물이 부족하여 아브라함과 롯의 목자가 서로 다투는 일까지 생겼지요. 이때 아브라함은 윗사람이라 하

여 자신의 유익을 구하지 않았고 조카 롯이 먼저 좋은 땅을 택할 수
있도록 양보하였습니다.

> "네 앞에 온 땅이 있지 아니하냐 나를 떠나라
>
> 네가 좌하면 나는 우하고 네가 우하면 나는 좌하리라"
>
> (창세기 13:9)

　다른 사람의 것은 무론 한 실이나 신들메라도 갖고자 하지 않는
깨끗한 마음의 소유자였습니다(창 14:23). 하나님께서 죄악이 가득찬
소돔과 고모라 성을 멸할 것을 알려 주셨을 때에는 그 백성을 긍휼
히 여겨 주실 것을 간구하여 의인 열 명만 있어도 멸하지 않겠다는 약
속을 받아내는 영적인 사랑을 소유한 사람이었습니다(창 18:32). 이러
한 아브라함의 선과 믿음은 독자 이삭을 번제로 바치라 하신 하나님
말씀에 순종하기까지 온전하였습니다.
　창세기 22장 2절을 보면 "네 아들 네 사랑하는 독자 이삭을 데리고
모리아 땅으로 가서 내가 네게 지시하는 한 산 거기서 그를 번제로 드
리라"고 명하신 장면이 나옵니다.
　이삭은 아브라함이 백 세에 얻은 아들로서 하나님께서는 이삭에게
서 나는 자라야 아브라함의 혈통이라 불릴 것과 그를 통해 자손이
뭇 별과 같이 번성할 것을 말씀하셨습니다. 그런데 이삭을 죽여 번제
로 바치라고 하니 인간의 생각을 동원한다면 도무지 순종할 수 없는

하나님의 선민 이스라엘

일이지만 아브라함은 어떠한 이유도 묻지 않고 즉시 순종했습니다.

아브라함이 단을 쌓고 칼을 들어 아들을 잡으려는 순간이었습니다. 여호와의 사자가 "아브라함아 아브라함아" 부르시더니 "그 아이에게 네 손을 대지 말라 아무 일도 그에게 하지 말라 네가 네 아들 네 독자라도 내게 아끼지 아니하였으니 내가 이제야 네가 하나님을 경외하는 줄을 아노라" 말씀하시는 것이 아닙니까. 얼마나 복되고 감동적인 장면인지요.

아브라함은 자신의 생각을 동원하지 않았기 때문에 갈등하거나 염려하지도 않았으며 오직 믿음으로 순종하였습니다. 약속한 바를 반드시 이루는 신실하신 하나님, 죽은 자도 살리는 전능하신 하나님, 자녀들에게 좋은 것을 주기 원하시는 사랑의 하나님을 온전히 믿었기 때문입니다. 하나님께서는 오직 순종할 중심을 지닌 아브라함의 행함을 온전한 것으로 받으셨습니다.

"네가 이같이 행하여 네 아들 네 독자를 아끼지 아니하였은즉

내가 네게 큰 복을 주고 네 씨로 크게 성하여

하늘의 별과 같고 바닷가의 모래와 같게 하리니

네 씨가 그 대적의 문을 얻으리라

또 네 씨로 말미암아 천하 만민이 복을 얻으리니

이는 네가 나의 말을 준행하였음이니라" (창세기 22:16-18)

이처럼 하나님을 기쁘게 하는 선과 믿음을 소유한 아브라함은 하나님의 벗이자, 믿음의 조상이며 열국의 아비가 되는 축복을 받았습니다. 또한 하나님께서 아브라함을 부르면서 창세기 12장 3절에 "너를 축복하는 자에게는 내가 복을 내리고 너를 저주하는 자에게는 내가 저주하리니 땅의 모든 족속이 너를 인하여 복을 얻을 것이니라" 약속하신 대로 복의 근원이 되는 축복을 받을 수 있었습니다.

이스라엘의 조상 야곱과 꿈의 사람 요셉을 통한 섭리

위대한 믿음의 조상 아브라함에게서 아들 이삭이 났고 하나님께서는 이삭의 두 아들 중에서 중심이 뛰어난 야곱을 태중에서부터 택하셨습니다. 그는 장차 이스라엘이라 불리며 이스라엘 민족의 실질적인 출발점이고, 열두 지파의 조상이 됩니다.

야곱은 팥죽 한 그릇에 형의 장자권을 사고 아버지 이삭을 속여 장자의 축복을 가로챈 일이 있습니다. 비록 선한 방법은 아니었지만, 하나님께서는 간교한 야곱이 변화되면 큰 그릇이 될 줄을 아셨습니다. 그래서 20년이라는 연단의 세월을 허락하심으로 그가 철저히 깨지고 낮아지도록 역사하신 것입니다.

야곱은 장자의 축복권을 가로챈 이유로 자신을 죽이려는 형 에서를 피하여 외삼촌 라반의 집에서 양을 치며 지내야 했습니다. 더위와 추위를 무릅쓰고 눈붙일 겨를도 없이 수고하며 외삼촌의 양 떼와 염소들을 돌보았습니다.

이러한 성실함 덕분에 심은 대로 거두게 하고 행한 대로 갚아 주시는 하나님께서 축복하셔서 야곱은 큰 부자가 되었습니다. 그는 고향으로 돌아가라는 하나님 말씀에 따라 가족과 소유물을 이끌고 외삼촌 집을 떠났습니다. 얍복 강가에 이르렀을 때에 강 건너에서 형 에서가 400인을 이끌고 온다는 소식을 듣게 되지요.

외삼촌 라반과의 약속 탓에 되돌아갈 수도 없고 복수심에 가득 찬 형 때문에 앞으로 나갈 수도 없는 상황에서 야곱은 더 이상 자신의 지혜를 의지하지 않고 하나님께 기도하며 맡깁니다. 자신을 철저히 깨뜨리며 오직 하나님을 의지하여 환도뼈가 부러지기까지 간절하게 매달렸습니다.

이를 통해 "네 이름을 다시는 야곱이라 부를 것이 아니요 이스라엘이라 부를 것이니 이는 네가 하나님과 사람으로 더불어 겨루어 이기었음이니라"(창 32:28)는 축복의 말씀을 받았고 형 에서와도 화해할 수 있었습니다.

이처럼 하나님의 사자와 겨루어 이길 만큼 끈질기며 곧은 성품이고, 연단을 통해 변화된 후에는 이스라엘 역사에 중요한 사명을 능히 감당할 그릇이었기 때문에 하나님께서 야곱을 택하신 것입니다.

그의 열두 아들을 통해 이스라엘 민족을 형성하는데 이때에는 일개 부족에 불과해서 큰 민족이 되기까지 당시 강대국인 애굽의 테두리 안에 둘 계획을 세우셨습니다. 바로 이방 민족으로부터 지켜 주기 위한 하나님의 사랑이었으며, 이를 위해 선택받은 사람이 바로 야곱의 열한 번째 아들 요셉입니다.

야곱에게는 열두 아들이 있었는데 그들 중 요셉에게만 채색 옷을 입히는 등 편애하였습니다. 이 때문에 형들의 미움과 시기를 받던 요셉은 17세에 애굽에 노예로 팔려가게 되지만 결코 낙망하거나 형들을 원망하지 않았습니다.

오히려 주인인 시위대장 보디발의 집에서 성실하게 일하여 주인의 신임을 얻어 가정의 모든 재산을 관리하는 총무가 됐습니다. 이때 한 가지 문제가 생겼습니다. 주인의 아내가 요셉의 아담하고 준수한 용모를 보고 유혹한 것입니다.

하나님을 경외한 요셉은 "어찌 이 큰 악을 행하여 하나님께 득죄하리이까" 하며 결코 흔들림 없이 정도를 걸었습니다. 결국 주인 아내의 모함으로 왕의 죄수를 가두는 옥에 갇혔지만 하나님께서 함께하시니 요셉은 감옥에서도 은혜를 입어 그 제반 사무를 맡았습니다.

이러한 과정을 통해 장차 나라 살림을 맡을 수 있는 지혜를 터득하였고 정치적 자질을 닦을 수 있었으며 많은 사람을 품을 수 있는 큰 그릇으로 변화되었습니다.

뒷날 애굽 왕의 꿈을 해석해 주고 그에 대한 지혜로운 대책까지 명쾌하게 제시하여 일약 애굽의 왕 다음 가는 총리의 자리에 오릅니다. 하나님께서는 요셉을 섬세한 계획 가운데 연단하여 불과 30세에 강대

하나님의 선민 이스라엘

국 애굽의 총리라는 권세 있는 자리에 세우신 것입니다.

요셉이 꿈을 해석한 대로 애굽을 비롯한 근동 지방에 7년간 극심한 가뭄이 들었습니다. 요셉은 이를 미리 알고 대비하여 애굽의 모든 백성을 구원할 수 있었습니다.

그 무렵 요셉의 형들이 가뭄으로 애굽에 양식을 구하러 왔다가 요셉을 만나 온 가족이 애굽으로 이주하여 이스라엘 민족으로 번성할 수 있는 길이 열렸습니다.

출애굽의 대역사를 이룬 위대한 지도자 모세

애굽에 정착한 이스라엘 자손은 세월이 흐를수록 크게 번성하여 국가를 이룰 만한 큰 민족의 면모를 갖추었습니다.

그러자 요셉을 알지 못하는 애굽의 새 왕은 이스라엘 자손이 번성하여 세력이 커지는 것을 경계했습니다. 그들을 종으로 삼아 흙 이기기와 벽돌 굽기, 농사 일 등 고역을 시킨 것입니다.

이스라엘 자손이 학대를 받을수록 더욱 번성하니 결국 애굽 왕은 새로 태어나는 이스라엘 남자 아이를 모두 죽이라고 명령했습니다. 이스라엘 백성이 고역으로 탄식하며 부르짖는 소리를 들으신 하나님께서는 아브라함과 이삭과 야곱에게 하신 약속을 기억하셨습니다.

"내가 너와 네 후손에게 너의 우거하는 이 땅
곧 가나안 일경으로 주어 영원한 기업이 되게 하고

나는 그들의 하나님이 되리라" (창세기 17:8)

"내가 아브라함과 이삭에게 준 땅을 네게 주고
내가 네 후손에게도 그 땅을 주리라" (창세기 35:12)

매우 어려운 상황에 처해 있을 때에 하나님께서는 애굽에 사는 이스라엘 자손을 가나안 땅으로 인도하여 들이고자 하나님 명령에 절대 순종하여 백성을 인도할 사람을 예비하셨습니다.

그가 바로 모세입니다. 모세의 부모는 아이를 낳아 석 달을 숨겼지만 더 이상 숨길 수 없자 갈 상자에 넣어 하숫가에 두었습니다. 마침 애굽의 공주가 하숫가에서 아이를 발견하여 양자로 삼고자 하는데 이 모습을 멀리서 지켜보던 누이가 모세의 친어머니를 유모로 추천하였지요.

이로써 모세는 애굽의 궁정에서 왕자로 자랐지만 친어머니의 손에 양육되어 자연스럽게 하나님과 자기 민족인 이스라엘에 대해 배우면서 성장할 수 있었습니다.

그러던 어느 날, 평소 자기 민족이 고역당하는 것을 안타까워하던 모세는 애굽 사람이 동포를 치는 것을 보고 그 사람을 쳐 죽이고 말았습니다. 이 사실이 탄로 나자 모세는 애굽 왕을 피하여 미디안 땅으로 가서 40년 동안 양을 치며 살게 됩니다. 이는 모세를 연단하여 출애굽의 지도자로 삼기 위한 하나님의 섭리였습니다.

때가 되자 하나님께서는 모세를 불러 이스라엘 자손을 출애굽시켜 가나안 땅으로 인도하도록 명하십니다.

그러나 강퍅한 애굽 왕은 모세의 말을 듣지 않았습니다. 이에 하나님께서는 모세를 통해 애굽에 열 가지 재앙을 내립니다. 이스라엘 백성의 출애굽을 위해 강권적으로 역사하신 것입니다.

애굽 왕과 백성은 장자의 죽음이라는 엄청난 재앙을 당하고 나서야 하나님 앞에 무릎을 꿇습니다. 마침내 억압받던 이스라엘 민족은 애굽에서 탈출합니다.

하나님께서는 출애굽한 이스라엘 백성을 친히 인도하며 홍해를 갈라 마른 땅으로 건너게 하셨습니다. 마실 물이 없을 때에는 반석에서 물이 솟게 하고 먹을 것이 없을 때에는 만나와 메추라기 떼를 보내 수백만 명의 이스라엘 백성이 광야에서 40년의 세월을 살아갈 수 있도록 역사하셨습니다.

신실하신 하나님께서는 모세의 뒤를 이어 여호수아를 지도자로 삼고 이스라엘 백성을 가나안 땅으로 인도하셨습니다. 요단 강을 건너 가나안 땅의 관문인 여리고 성을 정복하게 하며 하나님의 방법으로 가나안 땅을 대부분 차지하게 하셨습니다.

물론 가나안 땅을 정복하게 한 것은 단순히 하나님께서 이스라엘 백성을 축복하시기 위한 것만이 아니라 죄악으로 가득찬 가나안 거민들에 대한 공의로운 심판의 결과이기도 합니다. 그들이 매우 타락하여 심판받을 수밖에 없는 상황이어서 이스라엘 민족으로 하여금 그

깨어라 이스라엘

땅을 취할 수 있도록 인도하신 것입니다.

하나님께서 아브라함에게 "네 자손은 사 대 만에 이 땅으로 돌아오리니" 말씀하신 대로 아브라함의 후손인 야곱과 그의 아들들이 가나안 땅을 떠나 애굽으로 이주하였다가 그의 후손이 다시 가나안 땅으로 돌아오게 되었습니다(창 15:16).

강력한 이스라엘 왕국을 이룬 다윗

가나안 땅을 정복한 이스라엘은 다윗 왕 시대에 이르러 국가의 기틀을 견고히 다지고 하나님께 영광을 돌렸습니다.

다윗은 하나님을 지극히 사랑하고 경외한 사람입니다. 소년 시절 블레셋의 거인 적장 골리앗을 물맷돌로 쳐 죽이고 여러 전쟁에서의 공로를 인정받아 사울 왕에 의해 군대의 장에 올랐습니다.

그런데 다윗이 블레셋을 치고 돌아올 때에 여인들이 뛰놀며 노래하기를 "사울의 죽인 자는 천천이요 다윗은 만만이로다" 하였습니다. 온 백성이 다윗을 사랑하자 이를 시기한 사울 왕은 그를 죽이기 위해 쫓아 다녔습니다.

사울 왕의 집요한 추격 과정에 다윗은 두 번이나 사울을 죽일 수 있는 기회가 있었지만 하나님이 기름 부은 왕이기 때문에 죽이지 않고 선대하였습니다.

한 번은 "나의 아버지여 보소서 내 손에 있는 왕의 옷자락을 보소서 내가 왕을 죽이지 아니하고 겉옷자락만 베었은즉 나의 손에 악이

나 죄과가 없는 줄을 아실지니이다 왕은 내 생명을 찾아 해하려 하시나 나는 왕에게 범죄한 일이 없나이다" 하면서 땅에 엎드려 절하기도 했습니다(삼상 24장).

이처럼 모든 일을 선으로 하니 하나님의 마음에 합하였습니다. 그런 다윗은 왕위에 올라 선정을 베풀며 왕권을 견고히 하여 강력한 이스라엘 왕국을 건설하였습니다. 하나님께서 함께하시니 가는 곳마다 승승장구하여 블레셋, 모압, 아말렉, 암몬, 에돔 등 주변 국가를 차례로 점령하여 영토를 확장함은 물론, 전리품과 조공을 받아 큰 번영을 누렸습니다.

그리고 예루살렘으로 하나님의 언약궤를 옮기고 제사 제도를 정하였으며 예루살렘을 정치와 종교의 중심지로 삼고 왕국의 기틀을 잡습니다.

하나님의 언약을 받은 다윗

통일 왕국을 세운 후 안정을 누리게 되자 다윗 왕은 한 가지 마음에 걸리는 일이 있었습니다. 바로 하나님의 성전이 없었던 것입니다. 그는 나단 선지자에게 "나는 백향목 궁에 거하거늘 하나님의 궤는 휘장 가운데 있도다" 하며 안타까운 심정을 토로합니다.

다윗은 성전 건축을 간절히 소원했지만 하나님께서는 허락지 않으십니다. 전쟁을 통해 많은 피를 흘렸기에 다윗의 아들을 통해 성전을 이루실 것을 약속하셨지요. 이에 다윗 왕은 비록 성전 건축의 꿈은 이루지 못했지만 감사함으로 순종합니다. 나아가 아들 솔로몬이 하나님의 성전을 짓기에 부족함이 없도록 준비해 나갔던 것입니다.

이처럼 아름다운 다윗의 마음을 보신 하나님께서 그에게 축복의 말씀을 주십니다.

"내가 너를 목장 곧 양을 따르는 데서 취하여

　내 백성 이스라엘의 주권자를 삼고

　네가 어디를 가든지 내가 너와 함께 있어

　네 모든 대적을 네 앞에서 멸하였은즉

　세상에서 존귀한 자의 이름같이

　네 이름을 존귀케 만들어 주리라…

　네 조상들과 함께 잘 때에 내가 네 몸에서 날 자식을

　네 뒤에 세워 그 나라를 견고케 하리라

　저는 내 이름을 위하여 집을 건축할 것이요

　나는 그 나라 위를 영원히 견고케 하리라…

　내가 네 앞에서 폐한 사울에게서 내 은총을 빼앗은 것같이

　그에게서는 빼앗지 아니하리라 네 집과 네 나라가

　내 앞에서 영원히 보전되고 네 위가 영원히 견고하리라"

(사무엘하 7:8-16)

다윗은 이스라엘 역사상 가장 강대하고 찬란한 왕국을 이루어 백

하나님의 선민 이스라엘

성의 칭송을 받으며 하나님께 크게 영광을 돌렸습니다. 다윗의 아들 솔로몬의 고백을 통해 하나님께서 그에게 하신 언약이 얼마나 중요한 의미가 있는지 다시 한 번 느낄 수 있습니다.

"이스라엘 하나님 여호와여

주께서 주의 종 내 아비 다윗에게 말씀하시기를

네 자손이 자기 길을 삼가서 네가 내 앞에서

행한 것 같이 내 앞에서 행하기만 하면

네게로 좇아나서 이스라엘 위에 앉을 사람이

내 앞에서 끊어지지 아니하리라 하셨사오니

이제 다윗을 위하여 그 허하신 말씀을 지키시옵소서"

(열왕기상 8:25)

그런데 솔로몬이 왕위에 있을 동안에는 나라가 번영했지만 그가 다른 신을 좇아 하나님을 진노하시게 하였고 그의 아들 르호보암이 하나님을 떠나 악한 길로 행한 결과 나라가 남북으로 나뉩니다.

이때 북이스라엘과 남유다는 뚜렷한 차이를 보입니다. 다윗 왕가로 이어진 남유다는 약 340년 동안 20명의 왕이 단일 왕조를 유지하였습니다. 하지만 북이스라엘은 반란과 살육이 끊이지 않았습니다. BC 721년에 망할 때까지 약 200년 동안 무려 왕이 19번 바뀌고 왕조가 9번이나 바뀌었지요.

하나님께서는 다윗에게 "네 위를 견고케 하리라" 약속하신 대로 남유다를 통하여 다윗의 자손 대대로 왕위를 보전케 하셨습니다. 뿐만 아니라 그의 계보에서 유대인의 왕이자 인류의 구세주이신 예수님께서 나셨으니 말씀대로 이루어졌습니다. 현재 이스라엘 국기에 새겨진 육각의 별은 '다윗의 별'을 상징하는 것으로 이스라엘 민족 면면에 다윗 왕가의 전통성이 이어져 오는 것입니다.

이스라엘 백성의 마음을 하나님께 돌아오게 한 엘리야

솔로몬 이후 나라가 남북으로 분열된 뒤 북이스라엘에는 아모스, 호세아 선지자가 하나님의 뜻을 전하였고, 남유다에는 이사야와 예레미야 선지자가 있었습니다.

이처럼 하나님께서는 결코 이스라엘 백성을 외면하지 않고 때를 좇아 하나님의 사람을 보내어 뜻을 이루게 하셨는데 그중 한 사람이 북이스라엘의 7대 왕 아합 때에 활동한 엘리야 선지자입니다.

당시 북이스라엘은 이방 여인인 왕비 이세벨이 가져온 바알신으로 인해 우상 숭배가 만연하였습니다. 이에 대한 하나님의 심판으로 삼년 반 동안 비가 오지 않을 것임을 아합 왕에게 전달하는 것이 엘리야 선지자의 첫 사명이었지요.

이 일 때문에 엘리야는 자신을 죽이려는 아합 왕을 피하여 시돈에 속한 사르밧으로 갑니다. 그는 그곳의 한 과부로부터 떡 한 조각을 받고 가뭄이 끝날 때까지 통의 가루가 다하지 않고 병의 기름이 없어지지 않는 놀라운 축복과 여인의 죽은 아들을 다시 살리는 역사를 베풀었습니다.

또한 갈멜 산에서 바알의 선지자 사백오십 인과 아세라의 선지자 사백 인과 대결하여 불의 응답을 끌어내렸습니다. 우상 숭배에 빠진 백성의 마음을 하나님께로 돌아오게 하기 위해 무너진 여호와의 단을 새로 쌓고 하나님께 간절히 기도하였습니다.

> "이에 여호와의 불이 내려서
> 번제물과 나무와 돌과 흙을 태우고 또 도랑의 물을 핥은지라
> 모든 백성이 보고 엎드려 말하되
> 여호와 그는 하나님이시로다
> 여호와 그는 하나님이시로다 하니" (열왕기상 18:38-39)

이 밖에도 엘리야는 삼 년 반의 가뭄 중에 하나님께 기도하여 비가 오게 했으며 요단 강을 갈라 육지같이 건넜을 뿐 아니라 앞일에 대해 예언하는 등 큰 권능을 나타내 살아 계신 하나님을 증거하였습니다.

열왕기하 2장 11절을 보면 '엘리야와 엘리사 두 사람이 행하며 말하더니 홀연히 불수레와 불말들이 두 사람을 격하고 엘리야가 회리바람을 타고 승천하였다.' 는 기록이 나옵니다. 믿음으로 하나님을 기쁘게 하며 사랑과 인정을 받아 죽음을 보지 않고 승천하는 영광의 주인공이 된 것입니다.

만방에 하나님의 영광을 드러낸 다니엘

그 후 250년이 지난 B.C. 605년경 유다 왕 여호야김이 왕위에 오른 지 3년에 예루살렘이 바벨론 왕 느부갓네살에 의해 함락되어 유다의 왕족인 다니엘은 포로로 잡혀갑니다.

당시 바벨론 왕은 융화정책의 일환으로 포로 중에 흠 없고 아름다우며 모든 재주를 통달하고 학문에 익숙한 소년들을 데려다 갈대아 학문과 방언을 가르치고 왕의 진미를 주었습니다. 그중에 다니엘도 포함되어 있었습니다.

그런데 다니엘은 왕의 진미에 우상의 제물로 바친 음식이나 하나님께서 '가증하다' 하신 짐승으로 만든 음식이 섞여 있을 수 있기에 자기를 더럽히지 않기 위하여 감독자에게 청하여 채식을 하였습니다.

비록 포로의 신분이지만 이처럼 범사에 하나님을 경외하여 축복이 임하니 다니엘은 모든 학문과 재주에 명철할 뿐 아니라 모든 이상(異象)과 몽조(夢兆)를 깨달아 알았습니다(단 1:17). 그러니 나라가 바뀌고 왕권이 바뀌어도 계속하여 여러 왕에게 총애를 받을 수 있었던 것입니다.

특히 다리오 왕은 다니엘의 마음이 민첩함을 인정하여 그를 총리로 세워 전국을 다스리게 하고자 했습니다. 그러자 다니엘을 시기하는 무리가 생기고 그들은 다니엘을 없애기 위해 국사에 관하여 흠을 잡고자 했으나 아무 허물을 잡지 못했습니다.

하나님의 선민 이스라엘

이에 다니엘이 하루에 세 번 하나님 앞에 기도한다는 사실을 알고 왕께 청하여 한 달 동안 왕 외에 다른 신에게 기도하는 사람은 사자 굴에 던진다는 법을 제정합니다.

이때에도 다니엘은 흔들리지 않고 자신의 신앙을 지켰습니다. 강대 국 총리라는 명예와 지위를 한꺼번에 잃고 사자굴에 던져져 죽을 위 기에 놓였으면서도 변함없이 예루살렘을 향하여 습관을 좇아 기도한 것입니다.

결국 다니엘은 왕명에 따라 사자굴에 던져졌지만 하나님께서 천사 를 보내 굶주린 사자의 입을 봉하니 조금도 해를 입지 않았습니다. 이 사실을 안 왕은 온 백성과 나라와 각 방언하는 사람들에게 조서 를 내려 하나님 영광을 선포하였습니다.

"내 나라 관할 아래 있는 사람들은 다

다니엘의 하나님 앞에서 떨며 두려워할지니

그는 사시는 하나님이시요 영원히 변치 않으실 자시며

그 나라는 망하지 아니할 것이요

그 권세는 무궁할 것이며 그는 구원도 하시며 건져 내기도 하시며

하늘에서든지 땅에서든지 이적과 기사를 행하시는 자로서

다니엘을 구원하여 사자의 입에서 벗어나게 하셨음이니라"

(다니엘 6:26-27)

이 밖에도 기드온, 바락, 드보라, 삼손, 입다, 사무엘, 이사야, 예레미야, 에스겔, 다니엘의 세 친구, 에스더 등 모든 선지자에 관해 말하려면 지면이 부족할 것입니다.

천하 만민을 위한 위대한 조상들

하나님께서는 이스라엘의 태동기부터 친히 역사를 계획하셨습니다. 위기에 처할 때마다 극적으로 구원하고, 하나님의 사람을 보내 인도하며 그들을 통해 영광 받으셨습니다.

그러므로 아브라함 이후 오늘날까지 이스라엘의 역사는 다른 나라와는 달리 특별한 섭리 가운데 진행되어 왔으며, 마지막 날까지 하나님의 계획 속에서 이뤄질 것입니다.

하나님께서 택하고 사랑하시는 이스라엘의 믿음의 선진들은 이스라엘만이 아니라 전 세계 하나님을 믿는 만민을 위해서 세운 것입니다.

> **"아브라함은 강대한 나라가 되고
> 천하 만민은 그를 인하여 복을 받게 될 것이 아니냐"** (창세기 18:18)

하나님께서는 선민 이스라엘뿐 아니라 믿음으로 아브라함의 자손이 된 '천하 만민'이 아브라함의 복을 누리기를 원하십니다. 창세기 17장 4-5절을 보면 아브라함이 열국의 아비가 되게 했고, 창세기 12장 3절에는 땅의 모든 족속이 아브라함을 인하여 복을 얻을 것을 말씀

하나님의 선민 이스라엘

했습니다. 창세기 22장 17-18절에도 아브라함의 씨로 말미암아 천하 만민이 복을 얻을 것이라 말씀하셨습니다.

그리고 이스라엘 역사를 통해 여호와 하나님만이 참 신임을 알아 천하 만민이 여호와를 믿고 섬기며 하나님을 사랑하는 참 자녀가 될 수 있는 길을 열어 주셨습니다.

> "나는 나를 구하지 아니하던 자에게 물음을 받았으며
>
> 나를 찾지 아니하던 자에게 찾아냄이 되었으며
>
> 내 이름을 부르지 아니하던 나라에게 내가 여기 있노라
>
> 내가 여기 있노라 하였노라" (이사야 65:1)

하나님께서는 선민 이스라엘만이 아닌 이방인들도 하나님의 이름을 부르도록 위대한 조상들을 세우고 이스라엘 역사를 친히 인도하며 주관하신 것입니다.

그리고 마침내 선민 이스라엘을 통해 이루신 인간 경작의 섭리를 온 인류에게 펼치고자 또 한 가지 놀라운 계획을 세우셨습니다. 자신의 아들을 이스라엘의 메시아로서만이 아니라 온 인류의 메시아로서 이스라엘 땅에 보내신 것입니다.

주님을 말하는 이들

인간 경작의 역사 속에서 이스라엘은 항상 하나님 섭리를 이루는 중심에 있었습니다. 위대한 믿음의 조상을 통해 하나님을 나타내고 장차 될 일을 약속하며 한 치 오차도 없이 성취하신 하나님께서는 유다 지파 다윗의 자손에게서 천하 만민을 구원할 메시아가 날 것을 말씀하셨습니다.

그리하여 이스라엘은 구약 성경에 약속된 메시아를 기다려 왔는데 그분이 바로 예수 그리스도이십니다. 물론 유대교에서는 예수님을 기독교에서 말하는 하나님의 아들, 즉 메시아로 인정하지 않고 현재까지도 자신들을 구원할 메시아를 기다리고 있습니다. 하지만 이스라

엘이 기다리는 메시아와 이제부터 말씀드릴 메시아는 결코 다른 분이
아닙니다.

과연 사람들은 예수 그리스도에 대해 어떻게 말할까요? 이들의 증
언과 다음 장에서 말씀드릴 예언과 성취, 조건 등을 살펴보면 이스라
엘이 그토록 기다리던 메시아가 분명 예수 그리스도임을 확인하게 될
것입니다.

주님을 핍박하다가 이방인 선교에 앞장선 사도 바울

약 2천 년 전 오늘날의 터키에 위치한 길리기아의 수도 다소에서 출
생한 사도 바울의 본래 이름은 사울이었습니다. 그는 난 지 팔 일 만
에 할례를 받았고 이스라엘 족속의 베냐민 지파이며 히브리인 중의 히
브리인으로서 율법을 철저히 지켜 행하는 바리새인입니다. 율법의 의로
는 흠이 없는 사람이었지요.

당시 모든 백성에게 존경받던 가말리엘의 문하에서 율법의 엄한 교
훈을 받았고 세계 최대 강국이던 로마의 시민권을 가지고 있어 가문,
혈통, 지식, 부, 권세 등 육적으로 보아서는 조금도 부족할 것이 없었
습니다.

하나님을 사랑한 사울은 예수 그리스도를 믿는 사람들을 열심으
로 핍박하였습니다. 당시 십자가에 못 박혀 죽은 예수가 하나님의 아
들이고, 구세주이며 장사되었다가 부활하셨다는 그리스도인들의 말
이 하나님을 모욕하는 말로 여겨졌기 때문입니다.

또한 자신이 열렬히 옹호하는 바리새파적 유대교를 예수 그리스도를 믿는 사람들이 위협한다고 생각했습니다. 그래서 사울은 교회를 핍박하고 진멸하며 예수 믿는 사람들을 잡으러 다니는 일에 앞장선 것입니다.

많은 성도를 옥에 가두며 죽일 때에 찬성투표를 하였고, 모든 회당에서 여러 번 형벌하여 강제로 예수 그리스도를 모독하는 말을 하게 하며 심지어 외국 성에까지 가서 핍박하였습니다.

그러다가 자신의 삶을 완전히 뒤바꾸어 놓는 놀라운 체험을 합니다. 다메섹 가까이 이르렀을 때 홀연히 하늘로부터 밝은 빛이 비추어 사울을 두르더니 하늘에서 소리가 들리는 것입니다.

"사울아 사울아 네가 어찌하여 나를 핍박하느냐"
"주여 뉘시오니이까"
"나는 네가 핍박하는 예수라" (사도행전 9:4-5)

이 일이 생긴 뒤 사울은 사람의 손에 이끌려 다메섹에 있는 유다의 집에 들어가서 사흘 동안 보지 못하고 식음을 전폐하였습니다. 그때 주님께서 제자 아나니아에게 환상 중에 나타나 지시하셨습니다.

"일어나 직가라 하는 거리로 가서 유다 집에서
다소 사람 사울이라 하는 자를 찾으라

저가 기도하는 중이다

저가 아나니아라 하는 사람이 들어와서

자기에게 안수하여 다시 보게 하는 것을 보았느니라…

가라 이 사람은 내 이름을 이방인과 임금들과

이스라엘 자손들 앞에 전하기 위하여 택한 나의 그릇이라

그가 내 이름을 위하여 해를 얼마나 받아야 할 것을

내가 그에게 보이리라" (사도행전 9:11-16)

아나니아가 가서 안수하니 사울의 눈에서 비늘이 벗겨지면서 즉시 보게 되었습니다. 이처럼 주님을 만난 사울은 자신의 죄를 철저히 깨닫고 자신의 이름을 '작은 자'라는 뜻을 지닌 바울로 개칭하였습니다. 그리고 이방인 선교를 위해 살아 계신 하나님과 예수 그리스도의 복음을 담대히 전파하였던 것입니다.

"형제들아 내가 너희에게 알게 하노니

내가 전한 복음이 사람의 뜻을 따라 된 것이 아니라

이는 내가 사람에게서 받은 것도 아니요 배운 것도 아니요

오직 예수 그리스도의 계시로 말미암은 것이라

내가 이전에 유대교에 있을 때에 행한 일을 너희가 들었거니와

하나님의 교회를 심히 핍박하여 잔해하고

내가 내 동족 중 여러 연갑자보다 유대교를 지나치게 믿어

내 조상의 유전에 대하여 더욱 열심이 있었으나

그러나 내 어머니의 태로부터 나를 택정하시고 은혜로

나를 부르신 이가 그 아들을 이방에 전하기 위하여

그를 내 속에 나타내시기를 기뻐하실 때에

내가 곧 혈육과 의논하지 아니하고

또 나보다 먼저 사도된 자들을 만나려고

예루살렘으로 가지 아니하고 오직 아라비아로 갔다가

다시 다메섹으로 돌아갔노라" (갈라디아서 1:11-17)

주님을 만나 복음을 전하면서 사도 바울이 받은 고난은 이루 말로 다할 수 없습니다. 넘치도록 수고하고 옥에도 자주 갇히고 매도 수없이 맞고 여러 번 죽을 뻔하였으며 온갖 위험을 당하고 자지 못하고 굶고 춥고 헐벗어야 했습니다.

자신이 가진 신분과 권세, 지식과 지혜를 활용하면 얼마든지 풍요롭고 안락한 삶을 누릴 수 있었지만, 모든 것을 포기하고 오직 주님을 위해 자신의 모든 것을 드린 것입니다.

"나는 사도 중에 지극히 작은 자라

내가 하나님의 교회를 핍박하였으므로

사도라 칭함을 받기에 감당치 못할 자로라

그러나 나의 나 된 것은 하나님의 은혜로 된 것이니

하나님의 선민 이스라엘

내게 주신 그의 은혜가 헛되지 아니하여

내가 모든 사도보다 더 많이 수고하였으나 내가 아니요

오직 나와 함께하신 하나님의 은혜로라" (고린도전서 15:9-10)

사도 바울이 이처럼 고백할 수 있었던 것은 예수 그리스도를 만난 체험이 너무나도 분명하고 확실했기 때문입니다. 하나님께서는 단지 만나 주신 것으로 그친 것이 아니라 그의 사역 위에 참으로 크고 놀라운 권능으로 역사해 주셨습니다.

심지어 바울의 손으로 희한한 능을 행하게 하시니 사람들이 그의 몸에서 손수건이나 앞치마를 가져다 병든 사람에게 얹으면 병이 떠나고 악귀도 나갔습니다.

또한 삼 층 누각에서 떨어져 죽은 유두고라는 청년을 살렸는데 이처럼 죽은 자를 살리는 일은 하나님으로 말미암지 않고는 결코 할 수 없는 일입니다.

구약 성경에도 엘리야를 통해 사르밧 과부의 죽은 아들이 살아나고 엘리사를 통해 수넴 여인의 죽은 아이가 살아난 기록이 있습니다. 시편 62편 11절에 "하나님이 한두 번 하신 말씀을 내가 들었나니 권능은 하나님께 속하였다 하셨도다" 말씀하신 대로 권능은 하나님의 사람에게 주어지는 것입니다.

사도 바울은 세 차례의 전도 여행을 통하여 사마리아와 땅 끝까지 복음을 증거하기 위한 초석을 쌓았고 소아시아와 그리스 등에 많은 교회를 세웠습니다. 마침내 예수 그리스도의 복음이 전 세계로 전파되어 수많은 영혼이 구원받을 수 있는 길이 활짝 열린 것입니다.

큰 권능을 행하며 수많은 영혼을 구원한 사도 베드로

유대인 선교에 앞장섰던 베드로는 어떻습니까? 그는 평범한 어부였지만, 누구보다 가까이에서 예수님께서 베푸시는 놀라운 일을 보았습니다. 결국 수제자가 되었지요.

눈먼 자의 눈을 뜨게 하고 앉은뱅이를 일으켜 세우며 죽은 자를 살리는 등 사람의 힘으로 할 수 없는 권능을 나타내며 선한 일을 하시는 예수님, 모든 사람의 부족함과 허물을 덮어 주시는 예수님을 보면서 '하나님에게로서 오신 분이다.' 라는 믿음을 소유한 것입니다.

"너희는 나를 누구라 하느냐"
"주는 그리스도시요 살아 계신 하나님의 아들이시니이다"
(마태복음 16:15-16)

이처럼 고백한 베드로에게 상상치 못한 일이 일어났습니다. 예수님께서 하나님의 섭리 가운데 십자가에 달리기 위해 잡히시던 날 밤에 "다 주를 버릴지라도 나는 언제든지 버리지 않겠나이다" 고백한 그가 죽음이 두려워 예수님을 모른다고 세 번이나 부인한 것입니다.

그러나 예수님께서 부활 승천하신 뒤에는 성령을 받고 놀랍게 변화

하나님의 선민 이스라엘

되었습니다. 베드로가 죽음을 두려워하지 않고 복음 전파를 위해 생명을 다하였더니 하루에 삼천 명이 회개하고 세례를 받는 일까지 일어났습니다. 자신의 생명을 위협하는 유대교 종교 지도자들 앞에서도 담대히 예수 그리스도만이 우리의 구세주임을 증거하였습니다.

"너희가 회개하여 각각 예수 그리스도의 이름으로 세례를 받고

　죄 사함을 얻으라 그리하면 성령을 선물로 받으리니

　이 약속은 너희와 너희 자녀와 모든 먼 데 사람

　곧 주 우리 하나님이 얼마든지 부르시는 자들에게 하신 것이라"

(사도행전 2:38-39)

"이 예수는 너희 건축자들의 버린 돌로서

　집 모퉁이의 머릿돌이 되었느니라

　다른 이로서는 구원을 얻을 수 없나니

　천하 인간에 구원을 얻을 만한 다른 이름을

　우리에게 주신 일이 없음이니라" (사도행전 4:11-12)

　뿐만 아니라 베드로는 많은 기사와 표적으로 하나님의 능력을 나타냈습니다. 룻다에서는 8년 된 중풍병자를 낫게 했고 욥바에서는 죽은 다비다를 살렸으며 앉은뱅이를 일으키는가 하면 허다한 병든 사람과 더러운 귀신에게 괴로움받는 사람들이 베드로에게 와서 다 나았습니다.

이런 큰 권능이 따르니 심지어 사람들이 병든 사람을 메고 거리에 나가 침대와 요 위에 뉘고 베드로가 지날 때에 혹 그 그림자라도 덮일까 바랄 정도였습니다. 이 밖에도 하나님께서는 베드로에게 환상으로 역사하여 이방인에게도 구원이 있음을 알게 하셨습니다.

어느 날, 그가 기도하려고 지붕에 올라갔을 때의 일입니다. 시장하여 어떤 사람이 먹을 것을 준비하는데 비몽사몽간에 하늘이 열리고 큰 그릇이 내려오는데 땅에 있는 갖가지 네 발 가진 짐승과 기는 것과 공중에 나는 것들이 보이며 소리가 들렸습니다.

"베드로야 일어나 잡아 먹으라"
"주여 그럴 수 없나이다 속되고 깨끗지 아니한 물건을
 내가 언제든지 먹지 아니하였삽나이다"
"하나님께서 깨끗게 하신 것을 네가 속되다 하지 말라"
(사도행전 10:13-15)

이런 일이 세 번 있은 뒤 그 그릇이 곧 하늘로 올라갔습니다. 베드로는 모세의 율법에 따라 불결한 것으로 규정된 음식이라 먹을 수 없다고 했는데 먹으라 하니 참으로 의아하지 않을 수 없었습니다. 그래서 하나님께서 보여 주신 환상에 대하여 생각하는데 성령께서 "두 사람이 너를 찾으니 일어나 의심치 말고 함께 가라 내가 저희를 보내었느니라" 말씀하시는 것이 아닙니까.

하나님의 선민 이스라엘

그 두 사람은 바로 이방인 고넬료의 명을 받고 베드로를 청하기 위해 찾아온 사람이었습니다. 하나님께서는 환상을 통해 이방인에게도 은혜 베풀기를 원한다는 사실을 알려 주시고 이방인에게도 주의 복음을 전하게 한 것입니다.

베드로는 주님을 부인했던 자신을 끝까지 사랑하여 대사도로서의 귀한 사명을 감당케 하신 주님께 감사하며 수많은 영혼을 구원으로 인도했고 마지막 순간에는 순교로써 참으로 값진 삶을 살았습니다.

주님의 계시로 마지막 때에 될 일들을 기록한 사도 요한

요한은 갈릴리 지방에서 고기 잡는 일을 하다 예수님 제자로 부름받아 늘 함께하면서 기사와 표적을 직접 목격한 사람입니다. 가나의 혼인잔치에서 물이 포도주가 되게 하는 표적과 38년 된 병자를 비롯하여 수많은 병자를 고치며 귀신을 쫓아내고 소경의 눈을 뜨게 하는 것을 보았습니다. 물 위를 걸으시며, 죽은 지 나흘이나 된 나사로를 살리는 장면도 목격하였지요.

예수님께서 변화산에서 홀연히 변화된 모습으로 모세와 엘리야와 대화할 때에나 겟세마네 동산에서 기도하실 때에도 동행하였습니다. 심지어 십자가에 달려 계실 때에도 그 곁에 있다가 예수님의 말씀을 들었습니다.

예수님께서 부활 승천하신 후에는 여러 사도와 함께 생명의 위협 속에서도 주님의 복음을 열심히 전파하였습니다. 그리하여 초대교회는 왕성하게 부흥했지만 사도들은 극심한 핍박을 받아야 했습니다.

결국 사도 요한은 공회에서 심문을 받기도 했고 로마의 도미티아누스 황제 때에는 끓는 기름 가마 속에 던져졌습니다. 그러나 하나님의 능력과 섭리 가운데 죽지 않고 살아나 지중해 연안에 있는 밧모섬에 유배되었습니다. 그는 이곳에서 하나님과 교통하며 성령의 감동 속에 예수 그리스도께 받은 계시를 기록하였습니다.

> "예수 그리스도의 계시라
>
> 이는 하나님이 그에게 주사 반드시 속히 될 일을
>
> 그 종들에게 보이시려고 그 천사를
>
> 그 종 요한에게 보내어 지시하신 것이라" (요한계시록 1:1)

성령의 감동으로 사도 요한은 세상 끝 날에 될 일을 자세히 기록하였습니다.

생명을 다해 믿음을 지킨 초대교회 성도들

부활하신 예수님께서는 많은 제자가 보는 가운데 다시 올 것을 약속하고 승천하셨습니다. 부활과 승천을 목격한 많은 사람이 이를 통해 자신도 부활할 수 있다는 사실을 깨닫고 죽음을 두려워하지 않게 되었습니다. 그래서 세상 권세자의 위협과 탄압 앞에서도, 생명을 잃는 극심한 박해에도 개의치 않고 주님의 증인된 삶을 살았던 것입니다.

하나님의 선민 이스라엘

주님을 가까이에서 섬긴 제자들뿐만 아니라 헤아릴 수 없이 많은 사람이 로마의 원형 경기장에서 사자밥이 되고, 칼에 목 베이며 십자가 처형과 화형을 당하면서도 자신의 신앙을 지켰습니다.

초대교회 성도들은 날이 갈수록 핍박이 심해지자, 지하 공동묘지로 알려진 카타콤에 숨어 살아야 했습니다. 마치 죽음 속에서 사는 것처럼 비참한 생활이었지만 주님에 대한 뜨거운 사랑 때문에 모든 시험과 환난을 개의치 않았습니다.

로마에서 기독교가 공인되기 전의 박해는 참으로 가혹했습니다. 동이 트기 전 가장 어둠이 짙은 것처럼 기독교인들은 시민권이 박탈되고 성경과 교회가 불태워졌으며 성직자와 교회의 직분자들은 체포되어 가혹한 형벌과 죽음을 당해야 했습니다.

사도 요한의 제자로 알려진 소아시아 서머나 교회의 폴리갑은 헌신적인 목회자였습니다. 그는 로마 당국에 체포되어 총독 앞에 섰지만 결코 믿음을 저버리지 않았습니다.

"그대의 노년을 욕되게 하고 싶지 않으니 기독교인들을 죽이라고 말하라. 그러면 풀어 주겠다."

"나는 86년 동안 그리스도를 섬겨 왔지만 그분은 한 번도 나를 나쁘게 대하지 않으셨다. 그런데 내가 어떻게 나를 구원하신 왕을 배신할 수 있단 말인가!"

결국 폴리갑은 산 채로 불에 타 순교를 당했습니다. 믿음의 행진은 여기서 그치지 않았습니다. 그의 순교를 지켜보던 성도들은 "십자가에 달리신 주님을 보았다."고 고백하며 그리스도의 고난을 깨닫고 더욱 굳건한 믿음으로 순교의 길을 택한 것입니다.

"너희가 이 사람들에게 대하여 어떻게 하려는 것을 조심하라

이전에 드다가 일어나 스스로 자랑하매

사람이 약 사백이나 따르더니

그가 죽임을 당하매 좇던 사람이 다 흩어져 없어졌고

그 후 호적할 때에

갈릴리 유다가 일어나 백성을 꾀어 좇게 하다가

그도 망한즉 좇던 사람이 다 흩어졌느니라

이제 내가 너희에게 말하노니

이 사람들을 상관 말고 버려두라

이 사상과 이 소행이 사람에게로서 났으면 무너질 것이요

만일 하나님께로서 났으면 너희가 저희를 무너뜨릴 수 없겠고

도리어 하나님을 대적하는 자가 될까 하노라" (사도행전 5:35-39)

유명한 바리새인 교법사 가말리엘이 이스라엘 사람들에게 권면한 것처럼 하나님에게서 난 예수 그리스도의 복음은 결코 무너뜨릴 수 없었습니다. 마침내 주후 313년 콘스탄틴 황제가 로마제국의 국교로

63

공인하기에 이르렀고 전 세계로 예수 그리스도의 복음이 전파되기 시작했습니다.

빌라도 보고서에 나오는 주님에 대한 증언

로마의 역사 문헌 중에 당시 유대 총독인 빌라도가 예수님의 부활 사건을 기록하여 로마 황제에게 보낸 보고서가 있습니다.

현재 터키의 성 소피아 사원에 소장된 '예수의 체포와 심문 및 처형에 관하여 가이사에게 보낸 빌라도의 보고서' 중에서 예수님의 부활에 대한 빌라도의 증언을 잠시 소개하겠습니다.

"며칠 후 예수의 무덤은 비어 있었으며

그의 제자들은 각 처(處)로 다니면서 예수가 자신이 말한 대로

죽은 사람들 가운데서 다시 살아나셨다고 전파했습니다.

이 사건은 예수를 십자가에 못 박았던 사건보다

더 혼란을 일으켰습니다.

이 사실에 대해서 제 나름대로 조사해 보았습니다.

요셉은 자신의 묘실에 예수를 매장하였습니다.

예수가 매장된 다음날 제사장이 총독청으로 와서 말하기를

예수의 제자들이 그의 시체를 훔쳐 숨긴 후 그가 생전에

예언한 대로 살아난 것처럼 꾸미려고 한다고 보고하였습니다.

저는 제사장을 친위대장인 말커스에게 보내어 무덤을 지키기에

충분한 수대로 병정을 데리고 가서 배치하라고 한 후,

만일 무슨 사건이 발생한다면

그들의 책임이지 로마 정부의 책임이 아니라고 하였습니다.

무덤이 비어 있다는 사실이 알려지자 큰 흥분이 일어났으며

저는 더 큰 근심에 싸였습니다.

저는 이슬람이라는 사람을 보내어 자초지종을 조사하게 하였는데

그는 무덤을 지키던 병정들이

그 무덤 위에서 부드럽고 아름다운 빛을 보았다고 하였습니다.

이상하게도 온 주위가 환하고 밝게 비취고 거기에 이미 죽었던

많은 사람이 수의를 입은 채로 서 있는 것

같았다고 하였습니다.

그들 모두가 말로는 다 표현할 수 없는 기쁨에 충만하여

환호하는 듯하였으며 동시에 그 주위와 위로부터

그들이 들어 본 적이 없는 아름다운 음악이 들려왔으며

온 누리에 하나님을 찬양하는 소리가 가득하고

넘친 것 같았다고 하였습니다."

마태복음 27장 51-53절에 "땅이 진동하며 바위가 터지고 무덤들이
열리며 자던 성도의 몸이 많이 일어나되 예수의 부활 후에 저희가 무
덤에서 나와서 거룩한 성에 들어가 많은 사람에게 보이니라" 말씀하

하나님의 선민 이스라엘

신 대로 로마 병정들도 동일하게 증거한 것입니다.

무덤 주변에서 일어나는 영적인 현상을 목격한 병정들의 증언을 기록한 빌라도는 보고서의 결론 부분에 "저는 진실로 이 사람은 하나님의 아들이었다고 말하고 싶습니다."라고 고백하였습니다.

허다한 주님의 증인들

주님의 증인은 예수님 당시에만 있었던 것이 아닙니다. 주님께서 "너희가 내 이름으로 무엇을 구하든지 내가 시행하리니 이는 아버지로 하여금 아들을 인하여 영광을 얻으시게 하려 함이라"(요 14:13) 말씀하신 대로 주님께서 부활 승천한 뒤에도 허다한 사람이 주님의 이름으로 응답을 받습니다.

> "오직 성령이 너희에게 임하시면
>
> 너희가 권능을 받고
>
> 예루살렘과 온 유대와 사마리아와 땅 끝까지 이르러
>
> 내 증인이 되리라" (사도행전 1:8)

저도 의학으로 해결하지 못한 온갖 질병의 문제를 하나님 능력으로 치료받아 주님을 믿었고 이제는 주의 종으로서 만민에게 복음을 전하며 권능을 나타내는 자가 되었습니다.

이처럼 성령을 받은 하나님의 자녀들이 생명을 다해 복음을 전했기 때문에 전 세계에 복음이 전파되었고 오늘날에도 얼마나 많은 사람이 살아 계신 하나님을 만나 예수 그리스도를 영접하는지요.

"너희는 온 천하에 다니며 만민에게 복음을 전파하라

믿고 세례를 받는 사람은 구원을 얻을 것이요

믿지 않는 사람은 정죄를 받으리라

믿는 자들에게는 이런 표적이 따르리니

곧 저희가 내 이름으로 귀신을 쫓아내며

새 방언을 말하며 뱀을 집으며

무슨 독을 마실지라도 해를 받지 아니하며

병든 사람에게 손을 얹은즉 나으리라" (마가복음 16:15-18)

하나님의 선민 이스라엘

2장

하나님의 보내심을 입은 메시아

약속된 하나님의 메시아

이스라엘은 페르시아와 로마 등의 지배를 받으면서 오랫동안 주권을 잃은 채 고난받았습니다. 여호와 하나님께서는 선지자들을 통해 메시아에 대한 많은 약속의 말씀을 주셨습니다. 고난받는 이스라엘 민족을 위해 하나님께서 약속한 메시아에 관한 말씀은 참으로 가슴 벅찬 소망이 아닐 수 없습니다.

"이는 한 아기가 우리에게 났고

한 아들을 우리에게 주신 바 되었는데

그 어깨에는 정사를 메었고

하나님의 보내심을 입은 메시아

그 이름은 기묘자라 모사라 전능하신 하나님이라

영존하시는 아버지라 평강의 왕이라 할 것임이라

그 정사와 평강의 더함이 무궁하며

또 다윗의 위에 앉아서 그 나라를 굳게 세우고

자금 이후 영원토록 공평과 정의로 그것을 보존하실 것이라

만군의 여호와의 열심이 이를 이루시리라" (이사야 9:6-7)

"나 여호와가 말하노라

보라 때가 이르리니

내가 다윗에게 한 의로운 가지를 일으킬 것이라

그가 왕이 되어 지혜롭게 행사하며

세상에서 공평과 정의를 행할 것이며

그의 날에 유다는 구원을 얻겠고

이스라엘은 평안히 거할 것이며

그 이름은 여호와 우리의 의라 일컬음을 받으리라" (예레미야 23:5-6)

"시온의 딸아 크게 기뻐할지어다

예루살렘의 딸아 즐거이 부를지어다

보라 네 왕이 네게 임하나니

그는 공의로우며 구원을 베풀며 겸손하여서 나귀를 타나니

나귀의 작은 것 곧 나귀 새끼니라

내가 에브라임의 병거와 예루살렘의 말을 끊겠고

전쟁하는 활도 끊으리니 그가 이방 사람에게 화평을 전할 것이요

그의 정권은 바다에서 바다까지 이르고

유브라데 강에서 땅 끝까지 이르리라" (스가랴 9:9-10)

이스라엘은 끊임없이 메시아를 기다려 왔고 지금까지도 기다립니다. 그러면 왜 이스라엘이 그토록 간절히 기다리는 구세주가 아직도 오지 않는 것일까요? 오늘날 많은 유대인이 궁금히 여기는데 그것은 이미 구세주가 오셨다는 사실을 모르기 때문입니다.

이사야의 예언대로 고난을 받으신 메시아 예수

하나님께서 약속한 메시아는 바로 예수님이십니다. 예수님께서는 2천여 년 전 유대 땅 베들레헴에서 태어났으며 때가 되자 십자가에 달려 죽었다가 부활하여 온 인류에게 구원의 길을 활짝 열어 주셨습니다. 그러나 당시 유대인들은 예수님을 자신들이 기다리던 메시아로 인정하지 않았습니다. 그들이 바라던 메시아의 모습과는 너무나 달랐기 때문입니다.

오랫동안 식민지 생활을 한 유대인은 자신들이 처한 상황을 극복해 줄 권능의 메시아, 정치적인 메시아를 기대했습니다. 이스라엘의 왕으로 오셔서 모든 전쟁을 그치고 고통스러운 핍박과 압제로부터 구원하여 참된 평강을 주며, 모든 열방 중에 높여 영화롭게 하실 것이라

하나님의 보내심을 입은 메시아

기대한 것입니다.

하지만 예수님께서는 이 땅에 영화로운 왕의 모습으로 오신 것이 아니라 가난한 목수의 아들로 태어났습니다. 로마의 압제로부터 해방시키거나 이스라엘의 영화를 되찾기 위해 온 것도 아니었습니다. 예수님께서는 하나님의 아들이지만 첫 사람 아담 이후 죄로 인해 멸망에 이를 인류를 하나님의 참 자녀로 회복하기 위해 오신 분이었습니다.

그래서 유대인들은 예수님을 자신들이 기다리던 메시아라고 인정하지 않았고 결국 십자가에 못 박고 말았습니다. 하지만 성경에 예언된 메시아의 모습을 살펴보면 그분이 바로 예수님이라는 사실을 부인할 수 없을 것입니다.

"그는 주 앞에서 자라나기를 연한 순 같고

마른 땅에서 나온 줄기 같아서

고운 모양도 없고 풍채도 없은즉

우리의 보기에 흠모할 만한 아름다운 것이 없도다

그는 멸시를 받아서 사람에게 싫어 버린 바 되었으며

간고를 많이 겪었으며 질고를 아는 자라

마치 사람들에게 얼굴을 가리우고

보지 않음을 받는 자 같아서 멸시를 당하였고

우리도 그를 귀히 여기지 아니하였도다" (이사야 53:2-3)

하나님께서는 이스라엘의 왕으로 올 메시아의 모습이 흠모할 만한 것이 없으며 오히려 많은 사람에게 멸시받을 것을 이미 알려 주셨습니다. 그런데도 하나님께서 약속하신 메시아를 알아보지 못하고 인정하지 않은 것입니다.

이처럼 하나님의 선민 이스라엘로부터 외면당하신 예수님을 하나님께서는 세계 만민 위에 세우셨고 지금까지 수많은 사람들이 구세주로 영접하였습니다.

시편 기자가 "건축자의 버린 돌이 집 모퉁이의 머릿돌이 되었나니 이는 여호와의 행하신 것이요 우리 눈에 기이한 바로다"(시 118:22-23) 기록한 대로 이스라엘이 외면하여 버린 예수님으로 말미암아 인간 구원의 섭리가 성취된 깃입니다.

예수님은 이스라엘 민족이 기다리던 메시아의 모습은 아니었지만 분명 만군의 여호와 하나님께서 선지자들을 통해 성경에 예언한 메시아라는 사실을 깨우칠 수 있습니다.

하나님께서 메시아를 통해 약속한 모든 영광과 평안, 회복에 대한 말씀은 바로 영에 속한 일이기에 예수님께서도 "내 나라는 이 세상에 속한 것이 아니라"(요 18:36) 말씀하신 것입니다.

하나님께서 예언한 메시아는 이 땅에 속한 권세와 영광을 지닌 왕으로서 오시는 것이 아닙니다. 잠시 잠깐 이 땅에 사는 동안 하나님의 백성이 부와 명예, 영광을 누리게 하고자 오는 것이 아니라 그들을 영적으로 구원하여 이 땅에서는 물론 영원한 천국에서 행복과 영광을 누리게 하고자 오신 것입니다.

> "그날에 이새의 뿌리에서 한 싹이 나서 만민의 기호로 설 것이요
>
> 열방이 그에게로 돌아오리니 그 거한 곳이 영화로우리라"
>
> (이사야 11:10)

또한 하나님께서 약속하신 메시아는 선민 이스라엘만을 위함이 아닙니다. 믿음의 조상 아브라함을 따라 믿음으로 하나님의 약속을 받아들이는 모든 사람에게 구원의 약속을 이루어 주고자 천하 만민의 구세주로 오는 것입니다.

온 인류를 위한 구세주가 필요한 이유

그렇다면 이스라엘 민족은 물론, 온 인류를 구원할 구세주가 필요한 이유는 무엇일까요?

창세기 1장 28절을 보면, 하나님께서 아담과 하와에게 복을 주며 그들에게 이르되 "생육하고 번성하여 땅에 충만하라, 땅을 정복하라, 바다의 고기와 공중의 새와 땅에 움직이는 모든 생물을 다스리라" 말씀하셨습니다.

하나님께서는 첫 사람 아담을 만물의 영장으로 세우며 땅을 정복하고 만물을 지배하며 다스릴 권세를 주신 것입니다. 그런데 아담과

하와가 원수 마귀 사단의 사주를 받은 뱀의 유혹으로 하나님께서 금하신 선악과를 따먹고 불순종의 죄를 범한 뒤에는 더 이상 이러한 권세를 누릴 수 없게 되었습니다.

하나님 말씀에 순종할 때에는 하나님께 속한 의의 종으로서 하나님께서 주신 권세를 누렸으나 마귀에게 순종하여 불순종의 죄를 범한 후에는 죄의 종이고, 마귀의 종으로 몰락하여 모든 권세를 잃어버린 것입니다(롬 6:16). 이로써 아담이 하나님께로부터 받은 모든 권세는 원수 마귀에게 넘어갔습니다.

누가복음 4장을 보면 원수 마귀가 40일 금식한 예수님을 세 차례 시험하는 장면이 나옵니다. 그중에 천하 만국을 보이며 "이 모든 권세와 그 영광을 내가 네게 주리라 이것은 내게 넘겨준 것이므로 나의 원하는 자에게 주노라 그러므로 네가 만일 내게 절하면 다 네 것이 되리라" 하면서 유혹하는 것을 볼 수 있습니다. 이는 아담이 가진 모든 권세를 넘겨받았기 때문에 자기가 원하는 대로 누군가에게 넘겨줄 수 있다는 것입니다.

이처럼 아담은 원수 마귀에게 모든 권세를 빼앗기고 마귀의 종이 되었을 뿐 아니라 죄의 삯인 사망의 길로 가게 되었습니다. 그의 후손 역시 부모의 기를 통해 아담의 원죄를 이어받아 원수 마귀 사단이 주관하는 죄의 권세 아래 놓이고 결국 사망에 이르렀습니다.

그러므로 첫 사람 아담으로부터 넘겨받은 원수 마귀 사단의 권세

하나님의 보내심을 입은 메시아

로부터 하나님의 선민 이스라엘은 물론, 모든 사람을 구원해 줄 구세
주가 필요한 것입니다.

메시아의 자격

• • •

이 세상에 법이 있듯이 영의 세계에도 법칙이 있습니다. 하나님께서 창조하신 사람이 사망으로 가는 것이나 죄 사함을 받고 구원에 이르는 것도 영계의 법칙에 의한 것입니다. 그렇다면 사망에 이른 모든 인류를 율법의 저주로부터 구원하려면 어떠한 자격을 갖추어야 할까요?

구세주의 조건에 대한 영계의 법칙은 하나님께서 선민 이스라엘에 주신 율법 속에 들어 있습니다. 바로 '토지 무르기 법'에 관련된 말씀입니다.

"토지를 영영히 팔지 말 것은 토지는 다 내 것임이라

하나님의 보내심을 입은 메시아

너희는 나그네요 우거하는 자로서 나와 함께 있느니라

너희 기업의 온 땅에서 그 토지 무르기를 허락할지니

만일 너희 형제가 가난하여 그 기업 얼마를 팔았으면

그 근족이 와서 동족의 판 것을 무를 것이요" (레위기 25:23-25)

구세주의 조건에 대한 비밀이 담긴 토지 무르기 법

선민 이스라엘 백성은 하나님의 법을 준수하였습니다. 그래서 토지를 매매할 때에도 성경에 나오는 토지 무르기 법에 따랐습니다. 다른 나라의 토지 법과는 달리 토지를 팔 때에 영영히 팔지 않고 나중에 되찾을 수 있도록 토지 무르기의 내용을 매매 계약서에 명시한 것입니다. 언제라도 부유한 근족이 와서 대신 토지를 무를 수 있게 하였고, 근족 중에 무를 사람이 없으면 본인이 부유케 되어 무를 힘이 있을 때에 되찾을 수 있었습니다.

그렇다면 레위기 25장에 나오는 토지 무르기 법이 구세주의 조건과 무슨 관련이 있을까요? 이를 알기 위해서는 아담이 흙으로 창조된 사실을 기억해야 합니다.

창세기 3장 19절을 보면 여호와 하나님께서 아담에게 이르기를 "네가 얼굴에 땀이 흘러야 식물을 먹고 필경은 흙으로 돌아가리니 그 속에서 네가 취함을 입었음이라 너는 흙이니 흙으로 돌아갈 것이니라" 했고, 창세기 3장 23절에는 "여호와 하나님이 에덴동산에서 그 사람을 내어 보내어 그의 근본된 토지를 갈게 하시니라" 했습니다.

하나님께서 아담에게 "너는 흙이니" 말씀하신 대로 영적으로 토지는 흙으로 지은 인간을 의미하므로 토지를 사고 파는 데에 관계되는 토지 무르기 법은 인간 구원에 관한 영계의 법과 직접 연관이 있습니다.

토지 무르기 법에 의하면 모든 토지는 하나님 소유이므로 사람이 영영히 팔 수 없습니다. 마찬가지로 아담이 하나님께로부터 받은 모든 권세도 원래 하나님 소유이므로 사람이 영영히 팔 수 없는 것입니다. 혹 가난하여 토지를 팔았다 해도 합당한 자격을 갖춘 사람이 나타나면 토지를 물러 주어야 하듯이, 원수 마귀가 아담으로부터 넘겨받은 권세를 무를 수 있는 합당한 자격을 갖춘 사람이 나타나면 되돌려 주어야 합니다.

이러한 토지 무르기 법에 근거하여 하나님은 아담이 원수 마귀에게 빼앗긴 모든 권세를 되찾을 수 있는 자격을 갖춘 사람을 예비하였습니다. 그가 바로 메시아, 만세 전에 예비된 하나님의 아들 예수 그리스도입니다.

구세주의 조건과 이에 합당하신 예수 그리스도

그러면 토지 무르기 법에 근거하여 예수님이 왜 모든 인류의 구세주가 될 수 있는지 살펴보겠습니다.

첫째로, 토지를 무르는 자가 근족이어야 하듯이 사람의 죄를 대속

하나님의 보내심을 입은 메시아

해 줄 수 있는 구세주는 사람이어야 합니다.

레위기 25장 25절에 "만일 너희 형제가 가난하여 그 기업 얼마를 팔았으면 그 근족이 와서 동족의 판 것을 무를 것이요" 하여 돈이 없어 토지를 팔더라도 근족이 대신 물러 줄 수 있음을 말합니다. 마찬가지로 아담이 원수 마귀에게 넘겨준 권세를 되찾기 위한 조건 역시 아담의 근족인 사람이어야 합니다.

고린도전서 15장 21절에도 "사망이 사람으로 말미암았으니 죽은 자의 부활도 사람으로 말미암는도다" 하여 사람의 죄는 천사도, 짐승도 아닌 오직 사람만이 대속할 수 있음을 확인해 주고 있습니다.

첫 사람 아담의 죄 때문에 사망으로 갈 수밖에 없는 모든 인류가 구원에 이르려면 누군가 죄를 대속해 주어야 하는데, 그것은 오직 아담의 근족인 사람만이 할 수 있습니다.

예수님은 하나님의 아들로서 신성과 인성을 함께 지닌 분이지만 사람의 죄를 대속하기 위해 사람의 몸에서 태어났으며(요 1:14) 성장 과정을 거쳤습니다. 또한 사람이기에 주무시기도 하고 배고픔과 목마름, 기쁨과 슬픔을 느꼈으며 십자가에 달릴 때에는 피를 흘리고 고통도 느끼셨습니다.

역사적으로도, 예수님께서 사람으로 이 땅에 오셨다는 확실한 증거가 있습니다. 바로 예수님의 탄생을 기점으로 하여 세계의 역사가 크게 둘로 나누어지는데 'B.C.'는 Before Christ 곧 예수님께서 태어나시기 이전을 말하고, 'A.D.'는 Anno Domini, '주님의 연대'로서 예수님 탄생 이후의 역사를 뜻합니다.

이처럼 예수님은 하나님의 아들이지만 사람으로 오셨기에 구세주의 첫 번째 조건을 충족하는 분입니다.

둘째로, 토지를 무르는 자가 가난하면 무를 수 없듯이 모든 인류의 구세주가 되려면 죄인인 아담의 후예가 아니어야 합니다.

형제의 빚을 갚아 주려면 먼저 자신에게 빚이 없어야 하는 것처럼, 다른 사람의 죄를 대속해 주려면 자신이 죄가 없어야 합니다. 죄가 있다면 이미 죄의 종으로 팔린 상태이니 어떻게 다른 사람의 죄를 대속할 수 있겠습니까?

아담의 후예는 모두 원죄를 가지고 태어나기 때문에 죄인입니다. 그러니 아담의 후예로 태어난 사람은 어느 누구도 구세주가 될 수 있는 자격이 없습니다.

예수님도 육적으로는 다윗의 자손이고, 요셉과 마리아 사이에 태어났습니다. 그런데 마태복음 1장 20절을 보면 "저에게 잉태된 자는 성령으로 된 것이라" 말씀합니다.

모든 사람이 원죄를 타고 나는 까닭은 부모의 정자와 난자를 통해 죄성을 물려받기 때문인데 예수님은 요셉의 정자나 마리아의 난자를 통해서가 아니라 성령의 능력으로 잉태된 것입니다. 전능하신 하나님께서는 사람의 정자와 난자가 결합하지 않는다 해도 성령의 능력으

하나님의 보내심을 입은 메시아

로 얼마든지 잉태되게 할 수 있습니다.

예수님은 단순히 동정녀 마리아의 몸을 빌렸을 뿐 성령의 능력을 통해 잉태되었으므로 원죄를 물려받지 않으셨습니다. 따라서 예수님은 분명히 아담의 후예가 아니고, 원죄가 없으니 인류의 구세주가 될 수 있는 두 번째 조건도 갖춘 분입니다.

셋째로, 토지를 무를 수 있는 힘이 있어야 토지를 되찾을 수 있듯이 모든 인류의 구세주가 되려면 원수 마귀를 이길 수 있는 힘이 있어야 합니다.

레위기 25장 26-27절을 보면 "만일 그것을 무를 사람이 없고 자기가 부요하게 되어 무를 힘이 있거든 그 판 해를 계수하여 그 남은 값을 산 자에게 주고 그 기업으로 돌아갈 것이니라" 했습니다. 이는 팔았던 토지를 되찾으려면 그만한 힘이 있어야 한다는 것입니다.

전쟁에서 적에게 사로잡힌 포로를 되찾아 오려면 적을 이길 힘이 있어야 하듯이 다른 사람의 빚을 갚아 주려면 그만한 재력이 있어야 합니다. 마찬가지로 원수 마귀를 이길 수 있는 힘과 권세가 있어야 모든 인류를 원수 마귀의 사망 권세로부터 구원할 수 있는 것입니다.

아담이 범죄하기 전에는 만물을 다스리는 권세가 있었으나 범죄한 뒤에는 원수 마귀의 권세 아래 놓였습니다. 이를 통해 영계에서는 죄가 없는 것이 원수 마귀를 이기는 힘이 된다는 것을 알 수 있는데 예수님에게는 전혀 죄가 없으셨습니다. 성령으로 잉태되어 아담의 후예가 아니므로 원죄가 없고 태어난 후 성장하면서 오직 하나님의 법대로 지켜 행하였기에 자범죄도 없습니다.

사도 베드로가 "저는 죄를 범치 아니하시고 그 입에 궤사도 없으시며 욕을 받으시되 대신 욕하지 아니하시고 고난을 받으시되 위협하지 아니하시고 오직 공의로 심판하시는 자에게 부탁하시며"(벧전 2:22-23) 고백한 대로입니다.

예수님께서는 전혀 죄가 없기 때문에 원수 마귀를 이길 수 있었으며 인류를 구원할 힘을 지니셨습니다. 예수님께서 베푸신 수많은 권능의 역사가 이러한 사실을 증거합니다. 귀신을 쫓아내며 소경이나 귀머거리, 앉은뱅이같이 사람의 힘으로는 어찌할 수 없는 연약함이라도 온전케 했으며, 심지어 풍랑이 이는 바다를 잔잔케 하고 죽은 자를 살리는 역사를 나타내신 것입니다.

더욱이 예수님의 부활 사건을 통해서 죄가 없는 분이라는 사실이 확실히 증명되었습니다. 영계의 법에 따르면 죄인은 반드시 죽게 되어 있습니다(롬 6:23). 그런데 예수님께서는 죄가 없으므로 십자가에서 운명한 뒤 사망 아래 있지 않으시고 부활한 것입니다.

구약 시대의 에녹과 엘리야와 같은 위대한 믿음의 조상들도 정녕 죄가 없고 성결했기 때문에 죽음을 보지 않고 산 채로 승천할 수 있었습니다. 죄 없는 예수님도 죽음에 매일 수 없으므로 사흘 만에 다시 살아나 원수 마귀 사단의 사망 권세를 깨뜨리고 모든 인류의 구세주

하나님의 보내심을 입은 메시아

가 되신 것입니다.

넷째로, 토지를 대신 무를 수 있는 사랑이 있어야 되찾을 수 있듯이 인류의 구세주가 되려면 목숨까지 줄 수 있는 사랑이 있어야 합니다.

앞서 말씀드린 세 가지 조건이 모두 성립된다고 하더라도 가장 중요한 사랑이 없다면 구세주가 될 수 없습니다. 가령 동생이 천만 원의 빚을 졌다고 할 경우, 형이 수억 원의 재산이 있다 해도 사랑이 없어 대신 갚아 주지 않는다면 아무 소용이 없는 것과 마찬가지입니다.

예수님은 사람으로 오셨고, 아담의 후예가 아니며 죄가 없으므로 죄를 대속할 만한 힘이 있었지만, 만일 사랑이 없다면 인류의 죄를 대속할 수 없었을 것입니다. 인류의 죄를 대속한다는 것은 죄인된 인류가 받아야 할 사망의 형벌을 대신 받는 것을 의미하기 때문입니다.

죄 없는 몸으로 이 세상에서 가장 흉악한 죄인과 같이 나무 십자가에 달려 온갖 조롱과 멸시를 받으며 물과 피를 다 쏟고 죽어야만 하는 엄청난 희생이 따르는 것이지요. 예수님에게는 사랑이 있었기에 죄인들의 죄를 대속하기 위해 십자가 처형도 마다하지 않고 나무 십자가에 달려 죽으셨습니다.

그러면 예수님은 왜 나무 십자가에 달려 피 흘리며 죽어야 했을까요? 신명기 21장 23절을 보면 "나무에 달린 자는 하나님께 저주를 받았음이니라" 했으니 예수님께서는 "죄의 삯은 사망"이라는 영계의 법에 의해 사망의 저주에 매인 모든 인류를 대속하기 위해 나무 십자가에 달리신 것입니다.

또한 레위기 17장 11절에 "육체의 생명은 피에 있음이라 내가 이 피를 너희에게 주어 단에 뿌려 너희의 생명을 위하여 속하게 하였나니 생명이 피에 있으므로 피가 죄를 속하느니라" 했으니 피 흘림이 없으면 죄 사함도 없습니다.

물론 짐승의 피를 대신하여 고운 가루를 드릴 수도 있으나 이는 가난하여 힘이 미치지 못하는 이를 위한 배려일 뿐 하나님께서 원하시는 것은 피의 제사입니다. 그러므로 예수님께서는 십자가에 못 박혀 피를 흘려 우리의 죄를 대속하신 것입니다.

갖가시 질병을 치료하고 흉악의 결박을 풀어 주며 오직 선만 행하셨는데 이러한 예수님을 못 박는 죄인들을 위해 십자가에서 죽음으로써 구원의 길을 열어 주셨으니 그 사랑이 얼마나 놀랍습니까!

이제까지 모든 인류의 죄를 대속할 수 있는 구세주의 자격을 토지 무르기 법에 따라 살펴보았는데 오직 예수 그리스도 한 분만이 합당하다는 사실을 알 수 있습니다.

만세 전에 예비된 인간 구원의 길

예수님께서 메시아로 오셔서 인간 구원의 섭리를 이룰 것은 아담이 범죄하여 구원자가 필요하게 된 바로 그때 이미 예언되어 있었습니다.

창세기 3장 15절을 보면 하나님께서 여자를 미혹한 뱀에게 말씀하시기를 "내가 너로 여자와 원수가 되게 하고 너의 후손도 여자의 후손과 원수가 되게 하리니 여자의 후손은 네 머리를 상하게 할 것이요 너는 그의 발꿈치를 상하게 할 것이니라" 하셨습니다. 여기서 여자는 영적으로 하나님의 백성 이스라엘을 말하며 뱀은 하나님을 대적하는 원수 마귀 사단을 의미합니다.

장차 여자의 후손 중에, 곧 이스라엘 백성 가운데서 인류의 구원자가 나타나 뱀의 머리를 깨뜨린다는 것입니다. 여자의 후손이 뱀의 머리를 깨뜨린다는 것은 이스라엘에 오실 그리스도로 인하여 원수 마귀 사단의 권세가 깨지고 그 권세 아래 매인 죄인들이 구원받음을 의미합니다.

이를 아는 원수 마귀 사단은 여자의 후손이 나타나 자기를 상하게 하기 이전에 죽이고자 작정하였습니다. 그래야 아담으로부터 넘겨받은 권세를 영원히 누릴 수 있다고 생각한 것입니다. 하지만 원수 마귀는 여자의 후손이 누구인지 알지 못하므로 구약 시대부터 하나님의 사랑을 받는 선지자들이 나타나기만 하면 갖가지 방법으로 죽이고자 했습니다.

모세가 태어났을 때에는 애굽의 바로 왕을 사주하여 당시 이스라엘의 여인이 낳은 남자 아이는 다 죽이도록 했고(출 1:15-22), 예수님께서 이 땅에 오셨을 때에도 헤롯 왕을 사주하여 죽이고자 한 것입니다(마 2:16).

그래서 하나님께서는 미리 애굽으로 피할 수 있도록 인도하셨고 하나님의 보호 속에 성장한 예수님은 마침내 30세에 이르러 공생애를 시작하셨습니다. 하나님의 뜻에 따라 온 갈릴리에 두루 다니며 회당에서 가르치고 백성의 모든 병과 약한 것을 고치고 죽은 자를 살리며 가난한 자에게 복음을 전파하신 것입니다.

원수 마귀 사단은 또다시 대제사장과 서기관과 바리새인을 사주하여 예수님을 죽이기 위해 온갖 궤계를 부렸습니다. 하지만 하나님께서 허락하시기 전에는 악한 자가 만지지도 못하였습니다. 3년간의 공생애를 마칠 즈음에야 비로소 십자가의 섭리가 이루어지도록 허락한 것입니다.

결국 유대인들의 압력에 못 이긴 로마의 유대 총독 빌라도에 의해 십자가 처형이 언도되어 머리에 가시관을 쓰고 나무 십자가에 양손, 양발이 못 박혀 운명하고 말았습니다.

십자가 처형은 죄인을 죽이는 가장 가혹한 방법인데 전혀 죄가 없는 예수님을 이처럼 잔인하게 죽였으니 원수 마귀는 얼마나 기뻐했겠습니까. 더 이상 자신을 훼방할 자가 없다고 생각하며 승리의 노래를 불렀지만 여기에 하나님의 비밀한 섭리가 감추어져 있었습니다.

"오직 비밀한 가운데 있는 하나님의 지혜를 말하는 것이니
곧 감취었던 것인데 하나님이 우리의 영광을 위하사

하나님의 보내심을 입은 메시아

만세 전에 미리 정하신 것이라

이 지혜는 이 세대의 관원이 하나도 알지 못하였나니

만일 알았더면 영광의 주를 십자가에 못 박지 아니하였으리라"

(고린도전서 2:7-8)

하나님께서는 전지전능하지만 또한 공의로우시기 때문에 법을 어기면서까지 절대주권을 행사하지 않으며 모든 것을 영계의 법칙에 따라 하십니다. 그래서 인간 구원의 길도 영계의 법칙에 따라 만세 전에 예비하셨습니다.

영계의 법칙에 의하면 죄의 삯은 사망입니다(롬 6:23). 반대로 누구든지 죄를 짓지 않으면 결코 사망에 이를 수 없는데 원수 마귀는 아무런 죄도, 흠도 없는 예수님을 십자가에 못 박았습니다.

이로써 원수 마귀 사단은 영계의 법을 어기게 되었고, 그 대가를 지불해야 했습니다. 아담이 죄를 범하여 마귀에게 넘겨주었던 모든 권세를 되돌려 주어야 하는 것입니다. 곧 예수님을 구세주로 영접하여 그 이름을 믿는 자는 누구든지 하나님의 자녀로 내줄 수밖에 없습니다.

만일 원수 마귀가 이러한 하나님의 지혜를 알았더라면 예수님을 십자가에 못 박아 죽이지 않았을 것입니다.

원수 마귀는 이러한 비밀을 몰랐으므로 메시아를 죽여야 자기 세상이 오는 줄 알고 죄 없는 예수님을 죽였습니다. 원수 마귀가 스스로 자기 꾀에 넘어가 영계의 법을 어겨 패망의 길로 가게 되었으니 하나님

깨어라 이스라엘

의 지혜가 얼마나 놀라운지요.

결국 원수 마귀는 하나님께서 예정한 인간 구원의 섭리를 이루는 도구가 되었으며, 창세기에 예언된 대로 여자의 후손에 의해 뱀의 머리가 상한 격이 되고 말았습니다(창 3:15).

예수 그리스도를 믿으면 성령을 선물로 받아

그러면 우리가 예수 그리스도를 믿을 때 왜 구원받는 것일까요? 우리가 예수 그리스도를 구세주로 영접하면 하나님께서 우리에게 성령을 선물로 주십니다.

우리가 성령을 받으면 죽었던 영이 살아납니다. 성령은 하나님의 능력이고, 하나님의 마음입니다. 따라서 성령은 하나님의 자녀들을 진리 가운데로 인도하며 하나님의 뜻대로 살도록 도우십니다.

그러니 예수 그리스도를 진정 구세주로 믿는 사람들은 성령의 소욕을 좇아 힘써 하나님의 말씀대로 살려고 노력합니다. 곧 미움, 혈기, 시기, 질투, 판단, 정죄, 간음 등을 버리고 이해하고 용서하고 섬기고 사랑하며 선과 진리로 행해 나가는 것입니다.

앞서 아담이 선악과를 따먹는 불순종의 죄를 범하여 사람은 영이 죽어 멸망의 길로 가게 되었다고 했습니다. 그런데 성령을 받아 죽었던 영이 살아나고, 성령의 소욕을 좇아 하나님 말씀 곧 진리 가운데 행해 나가면 점점 진리의 사람이 되어 잃었던 하나님의 형상을 회복합니다.

이렇게 하나님 말씀인 진리 가운데 행할 때 하나님을 믿는다는 것이 참 믿음으로 인정되어 예수의 피가 우리 죄를 깨끗게 하여 구원받는 것입니다. 그래서 요한일서 1장 7절을 보면 "저가(하나님께서) 빛 가운데 계신 것같이 우리도 빛 가운데 행하면 우리가 서로 사귐이 있고 그 아들 예수의 피가 우리를 모든 죄에서 깨끗하게 하실 것이요"라고 말씀했습니다.

이것이 바로 믿음으로 죄 사함을 받아 구원에 이르는 것입니다. 그러나 만일 믿는다 하면서도 여전히 죄 가운데 있으면 하나님을 믿는다는 것이 거짓이기 때문에 주님의 피가 죄를 대속할 수 없고 구원받을 수도 없습니다.

물론 이제 막 예수 그리스도를 영접한 사람의 경우에는 다릅니다. 온전히 진리 가운데 행하지 못한다 해도 열심히 노력하면 중심을 보는 하나님께서는 그가 변화될 것을 믿음으로 바라보고 구원에 이르게 하십니다.

예언을 성취하신 예수 그리스도

하나님께서 메시아에 대해 예언하신 말씀은 예수님을 통해 그대로 이루어졌습니다. 예수님의 탄생과 사역, 또한 십자가상에서의 죽음과 부활을 비롯한 모든 생애가 온전히 하나님 섭리 안에 있는 것입니다.

처녀의 몸에 잉태되어 베들레헴에서 나신 예수님

하나님께서는 이사야 선지자를 통하여 예수님의 탄생을 예언하셨습니다. 때가 이르러 갈릴리 나사렛에 사는 마리아라는 여인이 지극히 높으신 하나님의 능력으로 아들을 잉태하였습니다.

하나님의 보내심을 입은 메시아

"주께서 친히 징조로 너희에게 주실 것이라

보라 처녀가 잉태하여 아들을 낳을 것이요

그 이름을 임마누엘이라 하리라" (이사야 7:14)

'다윗의 후손에서 왕이 끊이지 않으리라'는 약속의 말씀대로 하나님께서는 다윗의 후손인 요셉의 정혼자 마리아에게서 메시아가 나오게 하셨습니다. 원죄를 가진 아담의 후예로는 인류를 구속할 수 없기 때문에 동정녀 마리아가 요셉과 동거하기 전에 성령으로 잉태케 하여 예언을 성취하신 것입니다.

"베들레헴 에브라다야 너는 유다 족속 중에 작을지라도

이스라엘을 다스릴 자가 네게서 내게로 나올 것이라

그의 근본은 상고에, 태초에니라" (미가서 5:2)

성경에는 예수님께서 베들레헴에서 나실 것이 예언되어 있습니다. 과연 이 말씀대로 예수님께서는 헤롯 왕 때에 유대 베들레헴에서 나셨으며(마 2:1), 이 또한 역사가 증거합니다.

그 당시 헤롯 왕은 유대에서 왕이 나셨다는 소식을 듣고 자신의 왕위를 위협받을까 두려워하여 예수님을 죽이려 했습니다. 그러나 끝내 아기 예수를 찾지 못하자 베들레헴과 그 모든 지경 안에 있는 두 살 이하의 사내아이를 다 죽였고 이로써 큰 애곡의 소리가 있었습니다.

　예수님이 진정 유대의 왕으로 온 것이 아니라면 어찌 일국의 왕이 젖먹이 하나를 없애기 위해 그 많은 아이를 희생시켰겠습니까? 메시아를 죽이고자 하는 원수 마귀 사단이 왕위를 잃을까 두려워하는 헤롯의 마음을 주관하여 이 일을 벌인 것입니다.

살아 계신 하나님을 증거하고 은 삼십에 팔리신 예수님

　예수님께서는 사역하시기 전, 30년 동안 율법을 온전히 지켰으며 제사장 직분을 감당할 수 있는 나이가 되자 메시아로서 이 땅에서 계획된 사역을 수행하셨습니다.

> "주 여호와의 신이 내게 임하셨으니
>
> 이는 여호와께서 내게 기름을 부으사
>
> 가난한 자에게 아름다운 소식을 전하게 하려 하심이라
>
> 나를 보내사 마음이 상한 자를 고치며 포로된 자에게 자유를,
>
> 갇힌 자에게 놓임을 전파하며…
>
> 희락의 기름으로 그 슬픔을 대신하며
>
> 찬송의 옷으로 그 근심을 대신하시고
>
> 그들로 의의 나무 곧 여호와의 심으신 바 그 영광을 나타낼 자라
>
> 일컬음을 얻게 하려 하심이니라" (이사야 61:1-3)

　이 예언대로 이 땅에 오신 예수님께서는 모든 인간의 문제를 하나님의 능력

하나님의 보내심을 입은 메시아

으로 고치고 위로하셨습니다. 그리고 때가 되자 고난을 받기 위해 예루살렘으로 들어가셨습니다.

> "시온의 딸아 크게 기뻐할지어다
>
> 예루살렘의 딸아 즐거이 부를지어다
>
> 보라 네 왕이 네게 임하나니
>
> 그는 공의로우며 구원을 베풀며 겸손하여서 나귀를 타나니
>
> 나귀의 작은 것 곧 나귀새끼니라" (스가랴 9:9)

이 예언대로 예수님께서는 어린 나귀를 타고 예루살렘에 입성했습니다. 많은 백성이 "호산나 다윗의 자손이여 찬송하리로다 주의 이름으로 오시는 이여 가장 높은 곳에서 호산나" 하며 온 성에 소동이 벌어졌습니다.

예수님께서 물 위를 걷고 죽은 자를 살리는 등 놀라운 기사와 표적을 나타내시니 백성이 이처럼 기뻐하였던 것입니다. 그러나 이들은 곧 예수님을 외면하고 십자가에 못 박아 죽였습니다.

당시 제사장, 바리새인, 서기관 등은 놀라운 말씀의 권세와 권능을 나타내는 예수님을 많은 사람이 따르므로 몹시 미워하며 죽이고자 했습니다. 자신들의 위치가 위협받는다고 생각한 것입니다. 그래서 하나님께서 함께하시지 않으면 할 수 없는 놀라운 역사를 나타내는 예수님을 "잘못 되었다, 미혹하는 자"라 하며 온갖 거짓 증거를 만들

어 없애고자 했습니다.

결국 제사장들은 예수님 제자 중 한 사람에게 스승을 배신하여 팔게 하고 그 값으로 은 삼십을 지불하였습니다. 은 삼십에 고가를 샀다 하신 말씀과 그 준가를 토기장이에게 던졌다 하신 말씀이 그대로 성취된 것입니다(슥 11:12-13).

뒷날 예수님을 배신하고 은 삼십에 판 자가 양심의 가책을 이기지 못하여 그 돈을 가져다가 성전궤에 던져 넣었을 때, 제사장들은 그 값으로 토기장이의 밭을 산 것이 기록으로 남아 있습니다.

십자가 고난을 받고 죽으신 예수님

예수님께서는 선지자 이사야의 예언대로 모든 사람을 구원하고자 십자가 고난을 당하셨습니다. 정녕히 예수님께서는 구세주로서 인류의 죄를 대속하기 위해 오셔서 저주를 상징하는 나무 십자가에 달려 죽음으로 속건제물이 된 것입니다. 속건제물이란 무지나 소홀함 때문에 범한 과오에 대해 책임을 물고 허물을 사함받기 위한 제물을 말합니다.

"그는 실로 우리의 질고를 지고 우리의 슬픔을 당하였거늘
　　우리는 생각하기를 그는 징벌을 받아서
　　하나님에게 맞으며 고난을 당한다 하였노라
　　그가 찔림은 우리의 허물을 인함이요
　　그가 상함은 우리의 죄악을 인함이라

하나님의 보내심을 입은 메시아

그가 징계를 받음으로 우리가 평화를 누리고

그가 채찍에 맞음으로 우리가 나음을 입었도다

우리는 다 양 같아서 그릇 행하여 각기 제 길로 갔거늘

여호와께서는 우리 무리의 죄악을 그에게 담당시키셨도다

그가 곤욕을 당하여 괴로울 때에도 그 입을 열지 아니하였음이여

마치 도수장으로 끌려가는 어린 양과 털 깎는 자 앞에

잠잠한 양같이 그 입을 열지 아니하였도다

그가 곤욕과 심문을 당하고 끌려 갔으니 …

여호와께서 그로 상함을 받게 하시기를 원하사

질고를 당케 하셨은즉 그 영혼을 속건제물로 드리기에 이르면

그가 그 씨를 보게 되며 그날은 길 것이요

또 그의 손으로 여호와의 뜻을 성취하리로다" (이사야 53:4-10)

　구약 시대에는 죄를 범할 때마다 짐승의 피로 제사를 드려야 했습니다. 그러나 예수님께서는 원죄와 자범죄가 없는 깨끗한 피를 흘려 모든 사람이 죄 사함을 받고 영생의 길로 갈 수 있도록 단번에 영원한 제사를 드려 주셨습니다(히 10:10-12). 이로써 우리는 예수 그리스도를 믿고 죄 사함받아 더 이상 짐승의 피로 제사드릴 필요가 없게 된 것입니다.

　예수님께서 십자가에서 운명하시자 성소의 휘장 한가운데가 찢어졌습니다(마 27:51). 성소 휘장이란 성전 안의 성소와 지성소를 구분하기

위해 쳐 놓은 길다란 커튼인데, 일반 백성은 성소에 들어갈 수 없었고 더구나 지성소에는 대제사장만이 일 년에 한 차례 들어갈 수 있었습니다.

이러한 휘장이 위로부터 아래까지 찢어졌다는 것은 예수님께서 화목 제물이 되어 하나님과 우리 사이에 막힌 죄의 담을 헐었다는 것을 의미합니다. 전에는 대제사장이 우리 죄를 대속할 제사를 드리고 하나님 앞에 대신 아뢰었으나 이제는 우리도 하나님과 직접 교통할 수 있게 되었습니다. 곧 누구든지 예수 그리스도를 믿으면 하나님의 거룩한 성전에 들어와 예배하며 기도할 수 있는 것입니다.

> "내가 그로 존귀한 자와 함께 분깃을 얻게 하며
> 강한 자와 함께 탈취한 것을 나누게 하리니
> 이는 그가 자기 영혼을 버려 사망에 이르게 하며
> 범죄자 중 하나로 헤아림을 입었음이라
> 그러나 실상은 그가 많은 사람의 죄를 지며
> 범죄자를 위하여 기도하였느니라 하시니라" (이사야 53:12)

이사야의 예언처럼 예수님께서 모든 사람의 죄를 대신 지고 죽으셨는데 오히려 사람들은 예수님을 범죄자 중의 하나로 여겼습니다. 그러나 예수님은 십자가에 달려 죽으면서도 자신을 못 박은 자들의 죄를 사하여 줄 것을 간구하셨습니다.

하나님의 보내심을 입은 메시아

"아버지여 저희를 사하여 주옵소서
자기의 하는 것을 알지 못함이니이다" (누가복음 23:34)

마침내 운명하실 때에는 "그 모든 뼈를 보호하심이여 그중에 하나도 꺾이지 아니하도다"(시 34:20) 하는 예언이 그대로 성취되었습니다. 요한복음 19장 32-33절에 "군병들이 가서 예수와 함께 못 박힌 첫째 사람과 또 그 다른 사람의 다리를 꺾고 예수께 이르러는 이미 죽은 것을 보고 다리를 꺾지 아니하고"라는 기록이 있습니다.

메시아의 사명을 다 이루고 부활 승천하신 예수님

예수님은 속죄의 제물로써 인류의 죄를 지고 죽어야 했지만, 하나님께서 메시아를 통해 이루고자 하시는 구원의 섭리는 죽음으로 끝나지 않았습니다.

시편에 "이는 내 영혼을 음부에 버리지 아니하시며 주의 거룩한 자로 썩지 않게 하실 것임이니이다"(시 16:10) 말씀했고, "내가 죽지 않고 살아서 여호와의 행사를 선포하리로다"(시 118:17) 예언한 대로 십자가에 달려 죽으신 예수님은 그 몸이 썩는 것을 보지 않고 부활한 것입니다.

그리고 "주께서 높은 곳으로 오르시며 사로잡은 자를 끌고 선물을 인간에게서, 또는 패역자 중에서 받으시니 여호와 하나님이 저희와 함께 거하려 하심이로다"(시 68:18) 예언한 대로 하늘에 올라 장차 인간 경작을 마치고 그 백성을 천국으로 이끌어 들일 마지막 때를 기다리십니다.

이처럼 하나님께서 선지자들을 통해 말씀하신 메시아에 대한 모든 예언이 예수님을 통해 온전히 성취되었습니다.

메시아의 죽음과
이스라엘 민족에 대한 예언

• • •

하나님께서 선택한 이스라엘은 그토록 간절히 기다리던 메시아를 알아보지 못했습니다. 그런데도 하나님은 선민 이스라엘을 버리지 않고 그들에 대한 구원의 섭리를 이루어 가십니다.

예수님이 죽는 과정에서도 하나님은 이스라엘 민족의 앞날을 예시하셨습니다. 이는 하나님이 보낸 메시아를 믿고 구원에 이를 수 있기를 간절히 바라는 하나님의 사랑입니다.

예수님을 십자가에 못 박은 이스라엘의 고난

예수님의 십자가 처형을 결정한 것은 로마의 유대 총독 빌라도지만 이러한 결정을 내리도록 종용한 것은 유대인들이었습니다. 빌라도는 예수님을 심문한 결과 죽일 만한 죄가 없음을 알았습니다. 그런데 군중은 십자가에 못 박으라고 외치며 폭동에 가까울 정도로 압박했습니다.

그러자 빌라도는 예수님의 십자가 처형을 결정하면서 죄 없는 죽음에 자신은 관계없다는 뜻으로 물을 가져다 손을 씻으며 "이 사람의 피에 대하여 나는 무죄하니 너희가 당하라" 했습니다. 이때 유대인들은 "그 피를 우리와 우리 자손에게 돌릴지어다"라고 대답했는데 이 한 마디의 고백이 훗날 엄청난 환난으로 임하고 말았습니다.

주후 70년, 로마의 타이터스 상군이 예루살렘을 함락해 성전이 헐리고 살아남은 백성은 모두 본토를 떠나 뿔뿔이 흩어져야만 했습니다. 이때부터 이스라엘 백성은 세계 각지에 흩어져 살면서 고통받는데 그 고난의 역사는 말로 다 하기 어렵습니다.

이스라엘이 함락될 때에 110만 명의 유대인이 학살당했고 2차 세계 대전 중에는 독일의 나치스에 의해 약 6백만 명의 유대인이 희생되었습니다. 나치스에 의해 희생된 사람들은 발가벗긴 채로 죽었는데 이러한 사건은 예수님께서 십자가에 처형될 때 발가벗긴 채로 달리신 모습을 연상케 합니다.

물론 이스라엘 입장에서는 이러한 고난이 예수를 십자가에 못 박은 결과가 아니라 말할 수도 있을 것입니다. 그러나 이스라엘의 역사를

하나님의 보내심을 입은 메시아

보면 하나님의 뜻대로 행할 때에는 반드시 보호받으며 흥왕하였습니다. 반대로 하나님의 뜻을 저버릴 때에는 징계가 임하여 오랫동안 많은 고난과 연단이 따랐습니다.

이러한 역사를 통해 이스라엘의 고난이 아무 이유 없이 온 것이 아님을 알 수 있습니다. 예수님을 십자가에 못 박는 것이 하나님 앞에 합당한 일이라면 어찌 하나님께서 그 오랜 세월 이스라엘을 극심한 고난 가운데 두시겠습니까.

예수님의 겉옷을 나누며 속옷을 제비뽑은 사건과 이스라엘의 앞날

이스라엘의 앞날을 예시하는 또 한 가지 사건이 예수님을 십자가에 처형한 장소에서 벌어졌습니다. 시편 22편 18절에 "내 겉옷을 나누며 속옷을 제비뽑나이다" 기록된 말씀처럼 당시 로마 군병들이 예수님의 겉옷은 네 깃으로 나누어 가졌고 속옷은 나누지 않고 제비뽑아 한 사람이 가져간 것입니다.

그렇다면 이 사건이 이스라엘의 앞날과 어떤 관련이 있을까요? 예수님은 유대인의 왕이므로 그 겉옷은 영적으로 하나님의 선민, 이스라엘의 국가와 백성을 의미합니다.

예수님의 겉옷을 네 깃으로 나누어 옷의 형체가 없어지니, 이는 곧 이스라엘이라는 국가가 망하여 없어질 것을 예시합니다. 그러나 천은 남았으니 나라는 없어져도 이스라엘이라는 이름만은 남아 있을 것을 말씀합니다.

깨어라 이스라엘

그러면 로마 군병들이 예수님의 겉옷을 네 깃으로 나누어서 한 깃씩 취했다는 것은 무슨 의미일까요? 이스라엘 백성이 로마에 의해 멸망하여 사방으로 뿔뿔이 흩어질 것을 의미하는 것입니다. 이 예언대로 예루살렘이 함락되어 나라가 없어지니 유대인들은 사방으로 흩어져 전 세계 곳곳에서 살아가게 되었습니다.

예수님의 속옷에 대해 요한복음 19장 23절에 "이 속옷은 호지 아니하고 위에서부터 통으로 짠 것이라" 기록되어 있는데, 호지 않았다는 것은 여러 겹의 헝겊을 겹쳐 꿰매지 않았다는 뜻입니다.

대개 사람들은 옷을 입을 때 그것이 어떻게 짜여졌는지에는 별로 관심을 두지 않습니다. 그런데도 예수님의 속옷에 대해 성경에 자세히 기록한 까닭은 무엇일까요? 이를 통해 이스라엘 민족의 앞날을 예시한 것입니다.

예수님의 속옷은 이스라엘 백성의 마음이며 하나님을 섬기는 중심을 의미합니다. 속옷을 호지 않고 위로부터 통으로 짰다는 것은 이스라엘의 조상 야곱으로부터 끊임없이 이어 온 그들의 신앙을 말하며, 어떠한 상황에서도 하나님께 대한 믿음이 변함없음을 뜻합니다.

아브라함과 이삭과 야곱을 지나 열두 지파로 나누어진 이스라엘은 하나님께서 명한 대로 이방 족속과 섞이지 않고 순수한 민족성을 이어왔습니다. 남유다와 북이스라엘로 분열된 후, 비록 북이스라엘은 이방인과 섞이지만 남유다는 여전히 단일 민족으로 남았고, 오늘날에

하나님의 보내심을 입은 메시아

까지 유대인들은 자신들의 정체성을 지키고 있습니다.

따라서 예수님의 겉옷이 네 깃으로 찢겼을지라도 속옷은 찢기지 않은 것은 바로 나라의 형체가 없어진다 해도 그들 민족 가운데 이어온 하나님께 대한 마음, 그들의 신앙만은 소멸할 수 없음을 예시하는 것입니다.

이러한 변함없는 중심을 소유한 민족이기 때문에 하나님께서는 이스라엘을 선민으로 택하고 성경에 기록된 대로 하나님의 나라와 의를 이루고 계신 것입니다. 수천 년이 지난 오늘날에도 이스라엘 사람들은 변함없이 율법을 지키는 것을 볼 수 있습니다. 이는 변함이 없는 야곱의 중심을 이어받았기 때문입니다.

그 결과 이스라엘은 나라를 잃은 지 약 1,900년 만에 독립하여 전 세계를 놀라게 하였습니다.

"내가 너희를 열국 중에서 취하여 내고

열국 중에서 모아 데리고 고토에 들어가서" (에스겔 36:24)

"내가 너희 열조에게 준 땅에 너희가 거하여 내 백성이 되고

나는 너희 하나님이 되리라" (에스겔 36:28)

이미 구약에 예언된 대로 여러 날 후, 곧 말년에 백성이 모여들어 이스라엘을 재건한 것입니다(겔 38:8). 또한 독립 후 짧은 기간에 강한

국가로 급부상하여 그들의 우수한 민족성을 전 세계에 다시 한 번 입증하였습니다.

이스라엘이 다시 오실 주님을 맞이할 수 있기를 원하시는 하나님

하나님께서는 이처럼 회복된 이스라엘 백성이 정녕 메시아를 사모하여 기다릴 수 있기를 원하십니다. 바로 2천여 년 전, 이스라엘 땅에 구세주로 오신 예수님께서 약속한 대로 다시 오실 것을 기다리며 참 믿음을 소유하기를 원하는 것입니다.

부활하신 예수님께서 다시 오실 때에는 2천여 년 전과 같이 초라한 마구간에 오거나 십자가의 형벌을 져야 하는 고난의 주로 오는 것이 아닙니다. 만왕의 왕, 만주의 주로서 천군 전사를 호령하며 천하 만민이 볼 수 있도록 하나님 영광 가운데 임하십니다.

"볼지어다 구름을 타고 오시리라

각인의 눈이 그를 보겠고 그를 찌른 자들도 볼 터이요

땅에 있는 모든 족속이 그를 인하여 애곡하리니 그러하리라"

(요한계시록 1:7)

그날에 예수님이 온 인류의 구세주임을 믿는 모든 이가 구름 속으로 끌어올려 공중에서 혼인 잔치를 하지만 그렇지 않은 사람들은 이 땅에 남아 애곡하게 됩니다.

하나님의 보내심을 입은 메시아

농부가 씨를 뿌렸으면 거둘 때가 있듯이 인간 경작에도 추수 때가 있습니다. 하나님의 인간 경작은 주님의 공중 강림으로 마치게 됩니다. 이는 요한계시록 22장 7절에 "보라 내가 속히 오리니 이 책의 예언의 말씀을 지키는 자가 복이 있으리라" 말씀하신 대로 속히 이루어지며 지금이 그 마지막 때입니다.

하나님께서는 선민 이스라엘을 무척 사랑하기 때문에 진정 하나님께서 보낸 메시아를 받아들일 수 있도록 이스라엘 역사를 통해 알려주고 계십니다. 뿐만 아니라 이 땅에서의 인간 경작을 마치기 전에 선민 이스라엘은 물론 모든 인류가 예수 그리스도를 영접하기를 간절히 원하는 것입니다.

3장

이스라엘이 믿는 하나님

율법과 유전

하나님께서는 선민 이스라엘을 출애굽시켜 약속의 땅 가나안으로 인도하다가 시내산 꼭대기에 강림하셨습니다. 그리고 출애굽의 지도자 모세를 불러 백성을 성결케 하라 하시며 십계명과 많은 율례를 주셨습니다. 모세에게 하나님께서 주신 십계명과 그것의 하위법인 율례와 규례 등을 총칭하여 '율법'이라고 합니다.

그러면 하나님께서 율법을 주신 이유는 무엇일까요?

율법을 통해 가나안 땅으로 인도하신 하나님

하나님께서 출애굽한 이스라엘 백성에게 율법을 주신 이유는 가나

이스라엘이 믿는 하나님

안 땅에 들어갈 수 있는 축복을 주기 위해서였습니다. 그런데 모세를 통해 율법을 직접 들었던 많은 사람이 하나님의 말씀을 지키지 못하고 우상을 숭배하며 간음하는 등 죄를 범하여 40년간 광야생활을 하면서 죽고 말았습니다.

출애굽기 24장 3절을 보면 모세가 하나님 말씀과 율례를 백성에게 공식적으로 선포하였더니 "여호와의 명하신 모든 말씀을 우리가 준행하리이다" 하면서 순종을 고백합니다. 그러나 모세가 하나님께 십계명을 받기 위해 시내산에 올라가 있는 동안 이스라엘 백성은 아론과 함께 금 송아지를 만들어 우상 숭배의 큰 죄를 범합니다(출 32장).

이처럼 하나님의 능력을 직접 보았던 선민이라 할지라도 범죄하는 이유는 무엇일까요? 모든 사람은 아담의 후예로서 죄성을 가지고 태어나기 때문에 마음의 할례를 받아 성결하기 전에는 범죄할 수밖에 없습니다. 그래서 하나님께서는 예수님을 이 땅에 보내 모든 죄를 사할 수 있는 길을 열어 주신 것입니다.

모세의 유언이 대부분을 차지하는 신명기는 하나님의 약속과 율법을 강론한 것입니다. 모세는 여호수아와 갈렙을 제외한 출애굽 1세대가 광야에서 죽고 자신도 이스라엘 백성을 떠나야 할 때가 다가오자 출애굽 2세대, 혹은 3세대에게 하나님을 사랑하여 하나님 말씀에 순종할 것을 촉구하였습니다.

"이스라엘아

네 하나님 여호와께서 네게 요구하시는 것이 무엇이냐

곧 네 하나님 여호와를 경외하여 그 모든 도를 행하고

그를 사랑하며 마음을 다하고 성품을 다하여

네 하나님 여호와를 섬기고

내가 오늘날 네 행복을 위하여

네게 명하는 여호와의 명령과 규례를 지킬 것이 아니냐"

(신명기 10:12-13)

하나님께서 율법을 주신 이유는 하나님을 사랑하는 증거로서 마음에서 우러나는 순종을 원하기 때문입니다. 결코 이스라엘 백성을 힘들게 하거나 구속하고자 율법을 준 것이 아니라 순종하는 마음을 받고 축복을 주기 위해서입니다.

"오늘날 내가 네게 명하는 이 말씀을

너는 마음에 새기고 네 자녀에게 부지런히 가르치며

집에 앉았을 때에든지 길에 행할 때에든지 누웠을 때에든지

일어날 때에든지 이 말씀을 강론할 것이며

너는 또 그것을 네 손목에 매어 기호를 삼으며

네 미간에 붙여 표를 삼고

또 네 집 문설주와 바깥문에 기록할지니라"(신명기 6:6-9)

이스라엘이 믿는 하나님

이처럼 하나님께서는 율법을 어떻게 마음에 새기고 가르치며 행해야 하는지 알려 주셨습니다. 그래서 수천 년이 지난 오늘날에까지도 이스라엘 백성은 모세 오경에 기록된 하나님의 명령과 규례를 외우며 지키지만 율법의 외형을 너무 중시하는 경향이 있습니다.

예를 들어, 안식일을 거룩히 지키라는 계명 아래 안식일에는 자동문 사용을 금하고 업무 편지, 여권, 신분증과 같은 우편물을 개봉할 수 없으며, 엘리베이터와 에스컬레이터 작동을 금하는 등 세부적인 장로의 유전을 만들어 놓은 것입니다. 이러한 장로의 유전이 나온 이유는 무엇일까요?

율법과 장로의 유전

이스라엘 백성은 성전이 파괴되고 바벨론의 포로가 되었던 것이 하나님을 온 마음으로 섬기지 못한 까닭이라고 생각하였습니다. 그래서 하나님을 잘 섬겨야 한다는 생각과 함께 율법을 변화하는 환경에 적용해야 할 필요성을 느끼고 엄한 규율을 만든 것입니다.

물론 이런 규율은 하나님을 섬기고자 하는 좋은 의도로 만들어졌습니다. 하나님께서 주신 율법을 실생활에서 잘 지켜 행할 수 있도록 세세한 부분까지 규정하여 엄격히 생활화하고자 한 것입니다.

또한 엄한 규율이 있어서 율법을 보호하는 울타리 역할을 하기도 하였습니다. 그러나 시간이 지나면서 율법에 담긴 의미보다는 점점 형식적인 면에 치우친 나머지 도리어 율법의 참 의미에서 벗어나는 일들이 생겼습니다.

하나님께서는 결코 율법의 외형만을 중요하게 여기지 않고 사람의 마음을 받으십니다. 진정 하나님을 존귀히 여기는 사람을 찾기 위하여 율법을 정하시고 순종하는 자에게 복을 주시는 것입니다. 그런데 구약 시대에는 율법을 지킨다고 하면서도 율법을 어긴 사람이 매우 많았습니다.

"만군의 여호와가 이르노라

너희가 내 단 위에 헛되이 불사르지 못하게 하기 위하여

너희 중에 성전 문을 닫을 자가 있었으면 좋겠도다

내가 너희를 기뻐하지 아니하며

너희 손으로 드리는 것을 받지도 아니하리라" (말라기 1:10)

신약 시대에는 율법을 어긴 것도 아닌데 장로의 유전 때문에 하나님의 아들이신 예수님을 비방하고 그의 제자들을 판단하며 정죄하는 일이 허다하였습니다.

"당신의 제자들이 어찌하여 장로들의 유전을 범하나이까

떡 먹을 때에 손을 씻지 아니하나이다" (마태복음 15:2)

이때 예수님께서는 그들이 장로의 유전 때문에 오히려 하나님의 계명을 어기고 있음을 깨우쳐 주셨습니다. 율법을 지키는 외적인 행위도

중요하지만 그 안에 담긴 하나님의 참뜻을 깨닫는 것이 더욱 중요하기 때문입니다.

"너희는 어찌하여 너희 유전으로 하나님의 계명을 범하느뇨

하나님이 이르셨으되 네 부모를 공경하라 하시고

또 아비나 어미를 훼방하는 자는 반드시 죽으리라 하셨거늘

너희는 가로되 누구든지 아비에게나 어미에게 말하기를

내가 드려 유익하게 할 것이 하나님께 드림이 되었다고

하기만 하면 그 부모를 공경할 것이 없다 하여

너희 유전으로 하나님의 말씀을 폐하는도다

외식하는 자들아 이사야가 너희에게 대하여 잘 예언하였도다

일렀으되 이 백성이 입술로는 나를 존경하되

마음은 내게서 멀도다

사람의 계명으로 교훈을 삼아 가르치니

나를 헛되이 경배하는도다 하였느니라 하시고

무리를 불러 이르시되 듣고 깨달으라

입에 들어가는 것이 사람을 더럽게 하는 것이 아니라

입에서 나오는 그것이 사람을 더럽게 하는 것이니라" (마태복음 15:3-11)

하나님의 자녀들은 십계명에 기록된 대로 부모를 공경해야 합니다. 그런데도 바리새인들은 부모를 봉양할 책임이 있는 자녀가 자신의 재

산을 하나님께 드릴 것이라고 의사 표시를 하면 책임이 면제된다고 가르쳤습니다. 이방인들이 감히 생각지도 못할 만큼 세밀한 분야까지 규정해 놓은 장로의 유전을 엄격히 지키면서 이것이 선민으로서 하나님을 섬기는 예라고 생각한 것입니다.

이스라엘이 믿는 하나님

예수님 당시 바리새인들은 안식일에 병자를 고치는 것 역시 안식일을 범하는 것이라고 정죄하였습니다. 예수님께서는 한쪽 손 마른 사람을 회당에 세우고 바리새인들에게 물으며 깨우칠 수 있는 기회를 주셨습니다.

> "안식일에 선을 행하는 것과 악을 행하는 것,
>
> 생명을 구하는 것과 죽이는 것,
>
> 어느 것이 옳으냐" (마가복음 3:4)

> "너희 중에 어느 사람이 양 한 마리가 있어
>
> 안식일에 구덩이에 빠졌으면 붙잡아 내지 않겠느냐
>
> 사람이 양보다 얼마나 더 귀하냐
>
> 그러므로 안식일에 선을 행하는 것이 옳으니라" (마태복음 12:11-12)

그러나 그들은 이미 장로의 유전으로 굳은 율법의 틀과 자기중심적인 생각으로 차 있었기 때문에 하나님의 참뜻을 깨우치지 못하고 구세주로 오신 예수님도 알아보지 못하였습니다.

예수님은 이러한 모습을 여러 차례 지적하며 회개할 것을 촉구하셨습니다. 본래 하나님께서 이스라엘에게 율법을 주신 참뜻을 간과한 채 오직 그 형식에만 얽매인 신앙생활로 변질되어 버린 것을 책망한 것입니다.

> "화 있을진저 외식하는 서기관들과 바리새인들이여
>
> 너희가 박하와 회향과 근채의 십일조를 드리되
>
> 율법의 더 중한 바 의와 인과 신은 버렸도다
>
> 그러나 이것도 행하고 저것도 버리지 말아야 할지니라" (마태복음 23:23)

> "화 있을진저 외식하는 서기관들과 바리새인들이여
>
> 잔과 대접의 겉은 깨끗이 하되
>
> 그 안에는 탐욕과 방탕으로 가득하게 하는도다" (마태복음 23:25)

로마의 압제를 받던 그들이 간절히 기다리던 메시아의 모습은 큰 권세와 영광으로 오셔서 압제자의 손에서 백성을 해방하고 전 세계 모든 민족을 통치할 분이었습니다.

그런데 어느 날 가난한 목수의 아들이 나타나 소외된 사람, 병든 사람, 죄인들과 함께하면서 하나님을 아버지라 부르며 자신을 세상의 빛이라 증거하는 것입니다. 더구나 율법을 지키며 의롭다고 자처하던 그들의 죄를 지적하니 마음에 찔렸고 결국 죄 없는 예수님을 십자가에 못 박고 말았습니다.

사랑과 용서를 원하시는 하나님의 마음

바리새인들은 규례를 엄격히 준수하고 오랜 관습이나 전통을 생명처럼 중시하였으며 로마를 위해 일하던 세리를 죄인 취급하여 멀리했습니다.

마태복음 9장을 보면 예수님께서 마태의 집에서 음식을 들며 많은 세리와 함께하실 때에 "어찌하여 너희 선생은 세리와 죄인들과 함께 잡수시느냐" 하며 정죄하는 바리새인들에게 하나님의 마음을 알려 주셨습니다. 근본 하나님의 마음은 중심으로 회개하고 돌이키면 긍휼을 베푸는 것이기 때문입니다.

"건강한 자에게는 의원이 쓸데 없고
병든 자에게라야 쓸데 있느니라
너희는 가서 내가 긍휼을 원하고
제사를 원치 아니하노라 하신 뜻이 무엇인지 배우라
내가 의인을 부르러 온 것이 아니요 죄인을 부르러 왔노라"
(마태복음 9:12-13)

예컨대 니느웨 백성의 악독이 하늘에 닿아 성을 멸하고자 할 때에 먼저 선지자 요나를 보내 돌이키게 하고 그들이 금식하며 회개하니 멸하지 않으셨습니다. 그런데 바리새인들은 율법을 어긴 사람은 오직 심판을 받아야 한다고 생각했습니다. 율법 가운데 가장 중요한 사랑과 용서를 베풀기보다는 심판하는 것을 더 옳고 가치 있는 것으로 여긴 것입니다.

이처럼 율법을 주신 하나님의 마음을 헤아리지 못하면 자신들의 생각이나 이론에 맞추어 모든 것을 판단하기 때문에 그릇된 일을 낳을 수밖에 없으며, 결국 하나님을 대적하게 됩니다.

율법을 주신 참된 의미

하나님께서 천지 만물을 창조하고 인간을 지으신 목적은 바로 하나님의 마음을 닮은 참 자녀를 얻고자 함이었습니다. 그래서 '내가 온전한 것같이 너희도 온전하며 내가 거룩하니 너희도 거룩하라.'고 말씀하셨습니다. 바로 경건의 모양만 갖추지 말고 마음의 악을 버리는 것이 하나님을 경외하는 것이기 때문입니다.

예수님 당시 서기관들이나 바리새인들은 마음이 거룩한 데에는 소홀히 하고 예물이나 행위에 더 비중을 두었습니다. 그러나 하나님께서는 예물보다 상한 심령, 곧 회개하는 마음을 더 기뻐하기에(시 51:16-17) 율법을 주고 죄에서 돌이키도록 역사하신 것입니다.

구약 성경에 나타난 율법의 참된 의미

이스라엘 백성이 율법을 지키는 것에 하나님을 사랑하는 마음이 전혀 없는 것은 아닙니다. 하지만 진정 원하는 것은 마음의 성결이기에 하나님께서는 이사야 선지자를 통해 엄히 책망하셨습니다.

"나는 숫양의 번제와 살진 짐승의 기름에 배불렀고

나는 수송아지나 어린 양이나 숫염소의 피를 기뻐하지 아니하노라

너희가 내 앞에 보이러 오니

그것을 누가 너희에게 요구하였느뇨

내 마당만 밟을 뿐이니라

헛된 제물을 다시 가져오지 말라

분향은 나의 가증히 여기는 바요

월삭과 안식일과 대회로 모이는 것도 그러하니

성회와 아울러 악을 행하는 것을 내가 견디지 못하겠노라"

(이사야 1:11-13)

참된 율법의 준행은 단지 겉으로 드러난 모습이 아니라 정녕 마음 중심에서 나오는 행위이기 때문입니다. 하나님께서 기뻐하시는 것은 크고 화려한 제사나 성전 마당을 밟는 형식적인 행위로 이루어지는 제사가 아니었습니다. 아무리 율법에 따라 한다 해도 그 마음이 하나님 앞에 합당하지 않을 때에는 기뻐하시지 않았던 것입니다.

깨어라 이스라엘

기도 역시 마찬가지입니다. 기도하는 행위 자체만 중요한 것이 아니라 어떠한 마음으로 기도하느냐가 더 중요합니다. 그래서 시편 기자는 66편 18절에 "내가 내 마음에 죄악을 품으면 주께서 듣지 아니하시리라" 말씀합니다.

하나님께서는 예수님을 통해서도 사람에게 보이려는 기도나 형식적인 기도를 원치 않고 마음 중심에서 우러나오는 기도를 기뻐 받으신다는 사실을 알려 주셨습니다.

"너희가 기도할 때에 외식하는 자와 같이 되지 말라

저희는 사람에게 보이려고

회당과 큰 거리 어귀에 서서 기도하기를 좋아하느니라

내가 진실로 너희에게 이르노니

저희는 자기 상을 이미 받았느니라

너는 기도할 때에 네 골방에 들어가 문을 닫고

은밀한 중에 계신 네 아버지께 기도하라

은밀한 중에 보시는 네 아버지께서 갚으시리라" (마태복음 6:5-6)

회개하는 것도 마찬가지입니다. 죄를 회개할 때에도 옷을 찢거나 재를 뿌리는 외적인 회개가 아니라 마음을 찢는 중심의 회개를 원하십니다. 진정 마음에서 죄를 뉘우치고 돌이키는 것이 하나님께서 받으시는 회개이기 때문입니다.

이스라엘이 믿는 하나님

"여호와의 말씀에 너희는 이제라도 금식하며 울며

애통하고 마음을 다하여 내게로 돌아오라 하셨나니

너희는 옷을 찢지 말고 마음을 찢고

너희 하나님 여호와께로 돌아올지어다" (요엘 2:12-13)

이러한 사실을 구체적으로 알 수 있는 것이 바로 '마음의 할례'이며, 육체의 할례가 양피를 베는 것이라면 마음의 할례는 마음 가죽을 베는 것입니다.

하나님께서 원하시는 마음의 할례

그러면 마음의 할례란 구체적으로 어떠한 것일까요? 사람의 마음 안에 있는 시기, 질투, 혈기, 감정, 간음, 거짓, 도적질, 판단, 정죄 등 온갖 죄악을 도려내는 것을 의미합니다. 죄악을 도려내고 성결함으로 율법을 행할 때 하나님께서 온전한 것으로 받으십니다.

"유다인과 예루살렘 거민들아

너희는 스스로 할례를 행하여 너희 마음 가죽을 베고

나 여호와께 속하라 그렇지 아니하면

너희 행악을 인하여 나의 분노가 불같이 발하여 사르리니

그것을 끌 자가 없으리라" (예레미야 4:4)

　　“너희는 마음에 할례를 행하고

　　다시는 목을 곧게 하지 말라” (신명기 10:16)

　　“대저 열방은 할례를 받지 못하였고

　　이스라엘은 마음에 할례를 받지 못하였느니라” (예레미야 9:26)

　　“네 하나님 여호와께서

　　네 마음과 네 자손의 마음에 할례를 베푸사

　　너로 마음을 다하며 성품을 다하여

　　네 하나님 여호와를 사랑하게 하사

　　너로 생명을 얻게 하실 것이며” (신명기 30:6)

이처럼 구약 성경 곳곳에는 마음의 할례를 받아야 할 것을 누누이 강조하고 있습니다. 마음의 할례를 한 사람만이 마음을 다하고 성품을 다하여 하나님을 사랑할 수 있기 때문입니다.

하나님께서는 그의 자녀들이 거룩하고 온전하기를 원하십니다. 창세기 17장 1절을 보면 여호와께서 아브람에게 “너는 내 앞에서 행하여 완전하라” 말씀하셨고, 레위기 19장 2절에도 우리에게 거룩할 것을 요구하셨습니다.

요한복음 10장 35절에도 “성경은 폐하지 못하나니 하나님의 말씀을 받은 사람들을 신이라 하셨거든” 말씀하셨으며, 베드로후서 1장

이스라엘이 믿는 하나님

4절에는 "이로써 그 보배롭고 지극히 큰 약속을 우리에게 주사 이 약속으로 말미암아 너희로 정욕을 인하여 세상에서 썩어질 것을 피하여 신의 성품에 참예하는 자가 되게 하려 하셨으니" 말씀합니다.

구약 시대에는 행위적인 구원을 받았지만 예수 그리스도께서 사랑으로 율법을 완성한 신약 시대에는 믿음으로 구원을 받습니다.

행위적인 구원이란 살인할 마음이나 미워하는 마음, 간음하는 마음, 거짓말하는 마음 등이 있어도 행동으로 나타내지 않으면 죄가 성립되지 않는 것을 말합니다. 성령이 오시지 않은 구약 시대에는 자신의 힘만으로는 죄를 벗을 수 없기 때문에 행위적으로 죄를 짓지 않으면 죄인이라 말씀하지 않았습니다.

그러나 신약 시대에는 믿음으로 마음의 할례를 받아야 구원에 이를 수 있습니다. 성령이 오셔서 죄와 의와 심판에 대해 알려 줄 뿐 아니라 말씀대로 살 수 있도록 도와주기에 능히 비진리를 버리고 마음의 할례를 받아 나갈 수 있기 때문입니다.

따라서 믿음으로 구원받는다는 것은, 단지 예수 그리스도가 우리의 구세주임을 알고 믿는다고 해서 구원받는다는 의미가 아닙니다. 하나님을 사랑하여 마음에서 악을 버리고 오직 진리대로 행하는 참 믿음이라야 하나님께서 인정하며, 온전한 구원에 이른다는 것입니다.

하나님을 기쁘시게 하려면

하나님의 자녀라면 행위로 죄악을 나타내지 않을 뿐 아니라 마음에서부터 비진리를 버리고 거룩하신 하나님을 닮아야 합니다. 비록 죄를 짓지는 않는다 해도 하나님께서 원치 않는 마음을 가지고 있다면 옳다 인정받을 수 없습니다.

그래서 마태복음 5장 27-28절에 "간음치 말라 하였다는 것을 너희가 들었으나 나는 너희에게 이르노니 여자를 보고 음욕을 품는 자마다 마음에 이미 간음하였느니라" 하시며 마음의 간음을 버려야 할 것을 알려 주셨습니다.

요한일서 3장 15절에는 "그 형제를 미워하는 자마다 살인하는 자니 살인하는 자마다 영생이 그 속에 거하지 아니하는 것을 너희가 아는 바라" 하시며 미움을 버려야 할 것을 교훈합니다. 그렇다면 자신을 미워하고 원수된 사람에게는 어떻게 하는 것이 하나님의 기뻐하시는 뜻일까요?

구약 시대의 율법에는 '이에는 이로 눈에는 눈으로' 갚을 것을 명시하고 있습니다. 그러나 이는 엄격한 규제를 통하여 다른 사람을 함부로 상해하거나 피해를 입히지 못하도록 방지하기 위해서였습니다. 감정을 가지고 자신이 당한 것 이상으로 되돌려 주려는 사람의 악함을 아시기 때문입니다.

하나님의 마음에 합한 다윗은 자신을 죽이려고 하는 사울 왕에게 결코 악으로 갚지 않고 끝까지 선대했습니다. 율법의 참된 의미를 알았기 때문에 오직 하나님 말씀대로 산 것입니다.

"원수를 갚지 말며 동포를 원망하지 말며

 이웃 사랑하기를 네 몸과 같이 하라

 나는 여호와니라" (레위기 19:18)

"네 원수가 넘어질 때에 즐거워하지 말며

 그가 엎드러질 때에 마음에 기뻐하지 말라" (잠언 24:17)

"네 원수가 배고파하거든 식물을 먹이고

 목말라하거든 물을 마시우라" (잠언 25:21)

"네 이웃을 사랑하고

 네 원수를 미워하라 하였다는 것을

 너희가 들었으나 나는 너희에게 이르노니

 너희 원수를 사랑하며

 너희를 핍박하는 자를 위하여 기도하라"

 (마태복음 5:43-44)

겉으로는 율법을 지킨다 해도 자신에게 해를 가하는 사람을 용서하지 않는다면 하나님께서 기뻐하시지 않는 이유가 여기에 있습니다.

율법을 지키되 하나님께서 원하시는 마음을 이루며 지킬 때 비로소 온전히 하나님 말씀에 순종하는 것이기 때문입니다.

율법을 주신 것은 하나님의 사랑

사랑의 하나님께서는 축복만을 주기 원하지만 공의로우시기 때문에 우리가 죄를 지은 만큼 원수 마귀에게 내주실 수밖에 없습니다. 그래서 하나님을 믿는 사람 가운데에도 말씀대로 살지 않는 만큼 질병이나 사고를 만나는 등 환난이 따릅니다.

하나님께서는 우리를 이러한 환난이나 고통으로부터 지켜 주기 위한 사랑으로 많은 계명을 주셨습니다. 부모의 입장에서 사랑하는 자녀가 질병이나 사고를 만나지 않도록 일상생활 속에서 지켜야 할 것을 얼마나 많이 알려 줍니까.

"외출했다가 돌아오면 손을 깨끗이 씻어야 한다."
"식사 후에는 이를 닦아라."
"길을 건널 때에는 좌우를 살펴야 한다."

마찬가지로 하나님도 우리를 사랑하여 행복을 주고자 명령과 규례를 지킬 것을 말씀하셨습니다(신 10:13). 하나님 말씀을 지켜 행하는 것은 마치 등불을 들고 길을 가는 것과 같습니다. 아무리 캄캄한 밤이라도 등불이 있으면 안전하게 목적지를 향해 갈 수 있듯이 빛 되신

이스라엘이 믿는 하나님

하나님께서 함께하시면 항상 지킴을 받으며 자녀된 권세와 축복을 누립니다.

하나님 편에서는 말씀에 순종하는 자녀에게 영계의 법칙에 따라 항상 불꽃 같은 눈동자로 지켜 주시고 구하는 대로 응답해 줄 수 있으니 얼마나 즐거우시겠습니까? 또한 자녀들 편에서는 말씀대로 준행하는 만큼 깨끗하고 선한 마음으로 변화하여 하나님 마음을 닮으니 그 사랑을 더욱 깊이 느끼며 사랑하게 됩니다.

그러므로 하나님께서 주신 율법은 이 땅에서 경작받는 우리에게 가장 복된 길을 제시하는 사랑의 교과서와 같습니다. 우리를 힘들게 하는 것이 아니라 원수 마귀 사단이 지배하는 세상에서 재앙을 만나지 않으며 축복받을 수 있는 방법들을 알려 주는 것입니다.

사랑으로 율법을 완성하신 예수님

구약 시대에는 눈으로 범죄하면 눈을 빼야 했고 손으로 범죄하면 손을, 발로 범죄하면 발을 잘라야 했으며, 살인하거나 간음하면 돌로 쳐 죽이게 했습니다(신 19:19-21).

죄의 삯은 사망이므로 도저히 용서받을 수 없는 죄를 지은 사람을 차라리 엄벌에 처함으로써 다른 사람들에게 경계를 삼아 더 이상 그러한 죄를 짓지 않도록 하셨습니다.

그러나 하나님께서 진정 기뻐하시는 것은 눈에는 눈, 이에는 이로 대응하는 율법적인 신앙이 아니므로 구약 성경에도 누누이 마음의 할례를 강조했습니다. 또한 이러한 율법으로 인해 고통받는 것도 원치 않기 때문에 마침내 예수님을 이 땅에 보내시고 사랑으로 율법을 완성케 하셨습니다.

만일 예수님의 십자가 고난이 없었다면 오늘날에도 손으로 범죄하면 손을, 발로 범죄하면 발을 잘라 버려야 합니다. 그러나 예수님께서 우리를 대신하여 십자가를 지고 양손과 양발에 못 박혀 보혈을 흘려서 우리의 손과 발로 짓는 모든 죄를 씻어 주셨기 때문에 그럴 필요가 없습니다.

이러한 예수님께서는 이 땅에 오셔서 사랑으로 율법을 완성했습니다. 먼저, 하나님의 모든 율법을 온전히 지키는 본을 보였습니다.

그러나 예수님이 율법을 다 지켰다고 해서 율법을 지키지 못하는 사람들을 향해 "너희는 율법을 어겼으니 사망이라."고 정죄한 것이 아닙니다. 한 영혼이라도 더 회개하여 구원에 이를 수 있도록 밤낮없이 진리로 가르치며 질병과 연약함에 매인 사람들과 귀신들린 사람들을 고치기 위해 쉼 없이 일하셨습니다.

이러한 예수님의 사랑을 알 수 있는 것 중에 하나가 바로 간음하다가 현장에서 붙잡힌 여인이 예수님 앞에 끌려온 사건입니다. 요한복음 8장을 보면 어느 날 서기관들과 바리새인들이 간음하다 잡힌 여자를 끌고 와서 예수님께 물었습니다.

이스라엘이 믿는 하나님

"모세는 율법에 이러한 여자를 돌로 치라 명하였거니와

 선생은 어떻게 말하겠나이까"

"너희 중에 죄 없는 자가 먼저 돌로 치라" (요한복음 8:5-7)

예수님께서는 간음한 여인뿐 아니라 예수님을 고소할 조건을 찾고자 시험하는 그들도 하나님 앞에서는 죄인이므로 서로를 정죄할 수 없다는 사실을 깨닫게 하신 것입니다. 이에 유대인들이 부끄러워하며 하나 둘씩 자리를 떠나고 마침내 예수님과 여인만 남았습니다.

예수님께서 "여자여, 너를 고소하던 그들이 어디 있느냐 너를 정죄한 자가 없느냐?" 하고 물으셨습니다. 여인이 "주여, 없나이다."라고 대답하자 "나도 너를 정죄하지 아니하노니 가서 다시는 죄를 범치 말라."고 당부하셨습니다.

이처럼 죽을 수밖에 없는 죄가 드러나 큰 두려움 가운데 있던 여인은 예상치 못한 용서를 체험하니 얼마나 감동과 감격의 눈물을 흘렸겠습니까? 사망에서 건져 주신 예수님의 사랑을 기억하여 다시는 율법을 어기고 범죄할 수 없었을 것입니다.

예수님께서는 이 여인뿐 아니라 모든 사람을 향해 동일한 방법으로 율법을 완성하셨습니다. 곧 물에 빠진 자녀를 건져 내기 위해 생명을 아끼지 않는 부모의 마음으로 죄인들을 위해 자신의 생명을 아낌없이 주며 십자가의 사랑을 베푸신 것입니다.

흠도 점도 없는 하나님의 독생하신 아들이 죄인들을 위해 말할 수 없는 고통을 받고 물과 피를 다 쏟으며 생명을 주신 십자가의 처형은 인류 역사상 가장 큰 사랑을 이루는 순간이었습니다.

이러한 사랑의 힘이 우리에게 임할 때 율법을 온전히 행할 수 있는 능력을 얻어 예수님께서 하신 것처럼 우리도 사랑으로 율법을 완성하는 것입니다.

만일 예수님께서 사랑으로 율법을 완성하시지 않고 오직 율법으로 판단하고 정죄한다면 이 세상에 구원받을 수 있는 사람이 얼마나 되겠습니까. 의인은 하나도 없으니 누구도 구원받을 수 없는 것입니다.

그러므로 하나님의 크신 사랑으로 모든 죄를 용서받은 하나님의 자녀들은 더욱 겸비한 마음으로 계명을 지키며 하나님을 사랑할 뿐 아니라 이웃을 내 몸과 같이 사랑하며 서로 용서하고 섬겨야 합니다.

율법으로 판단하고 정죄한 사람들

예수님께서는 사랑으로 율법을 완성했지만 바리새인과 서기관, 그리고 율법학자들은 어떻게 했습니까? 마음을 거룩하게 하기보다는 율법의 외적인 형식에 치우치면서도 자신들은 율법을 온전히 지킨다고 생각했습니다. 또한 율법을 지키지 못하는 사람들을 판단하고 정죄했습니다.

그러나 하나님께서는 긍휼과 사랑이 없이 형제를 정죄하는 것을 결코 원치 않으십니다. 또한 사랑하는 자녀들이 하나님의 사랑을 느끼지 못하면서 고통스럽게 율법을 지키는 것도 원치 않으시지요. 하나님의 마음을 알고 사랑으로 행하는 것이 아니면 우리에게 유익이 없기 때문입니다.

> "내가 예언하는 능이 있어 모든 비밀과 모든 지식을 알고
>
> 또 산을 옮길 만한 모든 믿음이 있을지라도
>
> 사랑이 없으면 내가 아무것도 아니요
>
> 내가 내게 있는 모든 것으로 구제하고
>
> 또 내 몸을 불사르게 내어줄지라도
>
> 사랑이 없으면 내게 아무 유익이 없느니라" (고린도전서 13:2-3)

하나님은 사랑이시니 오직 사랑으로 행하는 것이라야 기뻐하며 축복하는 것입니다. 예수님 당시 바리새인들에게는 사랑의 마음이 없었기 때문에 비록 율법대로 준행했다 해도 그들의 영혼에는 유익하지 않았습니다. 율법의 지식으로 형제에게 한 판단과 정죄로 인해 스스로 하나님과 멀어지고, 결국 예수님을 십자가에 못 박는 엄청난 결과를 가져오고 말았던 것입니다.

율법의 참된 의미를 깨달아야

비록 구약 시대라 할지라도 율법에 담긴 하나님의 참뜻을 깨달은 이스라엘의 위대한 조상 아브라함, 요셉, 모세, 다윗, 엘리야 등은 외적으로도 율법을 준수했을 뿐만 아니라 자신의 마음을 열심히 할례

하면서 하나님을 닮은 참 자녀가 되고자 힘썼습니다.

유대인 중에서도 선한 마음을 가진 사람은 예수님의 말씀을 듣고 믿었으며, 예수님께서 나타내는 기이한 표적을 통해 하나님께서 함께하신다는 사실을 믿었습니다. 요한복음 3장을 보면 바리새인 중에 니고데모라는 사람이 밤에 예수님을 찾아가 고백한 내용이 나옵니다.

"랍비여 우리가 당신은 하나님께로서 오신 선생인 줄 아나이다

하나님이 함께하시지 아니하시면 당신의 행하시는 이 표적을

아무라도 할 수 없음이니이다" (요한복음 3:2)

예수님 당시 대다수의 유대인이 구세주 되시는 예수님을 알아보지 못한 이유는 무엇일까요? 그들 스스로 하나님을 사랑하며 섬긴다고 생각하면서 자신들이 만들어 놓은 틀에서 벗어나는 행동에 대해 용납하지 않았기 때문입니다.

사도 바울도 주님을 만나기 전에는 그동안 배운 율법과 장로의 유전을 온전히 지키는 것이 하나님을 사랑하고 섬기는 것이라 굳게 믿었습니다.

그래서 구세주로 오신 예수님을 영접하기는커녕 오히려 핍박했던 것입니다. 다메섹으로 가던 중 살아 계신 주님을 만난 후에야 비로소 자신의 틀이 철저히 깨졌으며 주님을 위해 목숨을 아끼지 않는 사도가 되었습니다.

이스라엘이 믿는 하나님

이것이 바로 유대인들의 중심이며, 그들의 장점이기 때문에 하나님의 선민 이스라엘은 율법에 담긴 참된 의미를 깨닫는 즉시 누구보다도 하나님을 사랑하며 생명을 다해 헌신할 수 있을 것입니다.

이스라엘이 돌아오기를 기다리시는 사랑의 하나님

하나님께서는 출애굽한 이스라엘 백성에게 모세를 통해 율법을 주시며 진정 원하는 바가 무엇인지 알려 주셨습니다. 마음의 할례를 받아 하나님을 사랑하며 진정 하나님께서 원하는 신앙생활을 하면 놀라운 축복으로 함께할 것을 약속하셨습니다.

"너와 네 자손이 네 하나님 여호와께로 돌아와

내가 오늘날 네게 명한 것을 온전히 따라서

마음을 다하고 성품을 다하여 여호와의 말씀을 순종하면

네 하나님 여호와께서 마음을 돌이키시고

너를 긍휼히 여기사 네 포로를 돌리시되

네 하나님 여호와께서 너를 흩으신 그 모든 백성 중에서

너를 모으시리니 너의 쫓겨간 자들이 하늘 가에 있을지라도

네 하나님 여호와께서 거기서 너를 모으실 것이며

거기서부터 너를 이끄실 것이라

네 하나님 여호와께서

너를 네 열조가 얻은 땅으로 돌아오게 하사

너로 다시 그것을 얻게 하실 것이며

여호와께서 또 네게 선을 행하사

너로 네 열조보다 더 번성케 하실 것이며

네 하나님 여호와께서 네 마음과 네 자손의 마음에

할례를 베푸사 너로 마음을 다하며 성품을 다하여

네 하나님 여호와를 사랑하게 하사

너로 생명을 얻게 하실 것이며

네 하나님 여호와께서 네 대적과 너를 미워하고 핍박하던 자에게

이 모든 저주로 임하게 하시리니

너는 돌아와 다시 여호와의 말씀을 순종하고

내가 오늘날 네게 명한 그 모든 명령을 행할 것이라" (신명기 30:2-8)

이처럼 하나님께서는 수천 년 전에 선민 이스라엘을 향해 약속한 대로 흩어진 백성을 모으고 잃었던 나라를 찾게 하며 뛰어난 민족이 되게 하셨습니다. 그러나 이스라엘은 아직도 하나님의 크신 사랑과 인간을 창조하고 경작하는 놀라운 섭리를 깨닫지 못하여 율법과 장로의 유전을 좇아 살아가는 것이 현실입니다.

사랑의 하나님께서는 지금도 선민 이스라엘을 향해 자신들이 만들어 놓은 어그러진 신앙을 버리고 신속히 참 자녀가 되어 줄 것을 기대하며 기다리십니다.

이를 위해서는 먼저 마음의 문을 열고 하나님께서 온 인류의 구원

을 위해 보내신 구세주 예수 그리스도를 영접하여 죄 사함을 받아야 합니다. 그리고 율법을 주신 하나님의 참뜻을 깨달아 마음의 할례를 하며 하나님 말씀대로 지켜 행하는 참 믿음을 소유하여 온전한 구원에 이르러야 하는 것입니다.

이스라엘이 하나님께서 기뻐하시는 신앙생활을 통하여 잃었던 하나님의 형상을 회복하고 하나님의 참 자녀가 되어 약속된 모든 축복을 받아 누릴 뿐 아니라 앞으로 영원한 천국의 영광 중에 살기를 간절히 기원합니다.

4장

• • •

깨어 들을지어다

마지막 때를 향하어

●●●

    성경에는 인간 경작의 시작뿐만 아니라 인간 경작의 끝에 대해서도 분명하게 기록되어 있습니다. 하나님께서는 첫 사람 아담을 통해 이 땅에서 시작된 인간 경작이 장차 주님의 공중 강림으로 끝맺을 것을 이미 수천 년 전부터 말씀하셨지요.

    그렇다면 지금 인간 경작의 시계는 과연 몇 시를 가리키고 있으며 마지막 종이 울리는 순간까지 얼마나 남아 있는 것일까요? 마지막 때에 사랑의 하나님께서 이스라엘이 어떻게 구원에 이르도록 섭리하시는지 지금부터 그 해답을 찾아보도록 하겠습니다.

깨어 들을지어다

성경에 기록된 예언대로 성취된 인류 역사

성경에는 수많은 예언이 담겨 있는데 이는 모두 전지전능한 창조주 하나님 말씀입니다. 이사야 55장 11절에 "내 입에서 나가는 말도 헛되이 내게로 돌아오지 아니하고 나의 뜻을 이루며 나의 명하여 보낸 일에 형통하리라" 말씀하신 대로 하나님 말씀은 지금까지 정확히 이루어졌고 앞으로도 이루어질 것입니다.

이스라엘 역사를 통해서도 성경에 예언된 말씀이 한 치 오차도 없이 정확하게 이루어졌음을 분명히 알 수 있습니다. 애굽에서 400여 년간 노예생활 끝에 가나안 땅으로 들어갈 것, 그들이 세운 나라가 둘로 갈라질 것과 마침내는 멸망하여 백성이 뿔뿔이 흩어지고 포로로 잡혀가지만, 장차 때가 되면 해방되어 돌아오리라 한 대로 모든 것이 이루어졌습니다. 또한 메시아가 태어날 것과 이스라엘의 또 한 번의 멸망, 그리고 다시금 나라를 회복할 것 등 이스라엘의 역사는 오직 성경에 기록된 그대로 이루어졌습니다.

이처럼 모든 역사는 전능하신 하나님 주관 아래 있으며, 하나님께서는 어떤 중요한 일을 이루실 때 반드시 하나님의 사람들에게 미리 알려 주신 것을 볼 수 있습니다(암 3:7). 온 세상을 멸하는 대홍수가 있을 것을 당대의 의인 노아에게 알려 주셨고, 소돔과 고모라를 멸할 것에 대해서는 아브라함에게 미리 알려 주셨으며, 선지자 다니엘이나 사도 요한에게는 세상 끝 날의 일들을 말씀해 주셨지요.

성경에 기록된 이러한 예언들은 역사 속에서 그대로 성취되어 왔으며 아직 이루어지지 않은 것은 주님의 공중 강림을 앞두고 곧 이루어질 일들뿐입니다.

마지막 때의 징조들

오늘날 많은 사람은 지금이 마지막 때라는 사실을 알려 주어도 쉽게 믿으려 하지 않습니다. 오히려 마지막 때라고 말하는 사람들을 이상하게 생각하거나 꺼려하기도 합니다. 오랫동안 그래 왔던 것처럼 해가 뜨고 지며 사람이 나고 죽으며 문명이 끝없이 이어지리라고 여기는 것입니다.

이에 대해 성경은 "먼저 이것을 알지니 말세에 기롱하는 자들이 와서 자기의 정욕을 좇아 행하며 기롱하여 가로되 주의 강림하신다는 약속이 어디 있느뇨 조상들이 잔 후로부터 만물이 처음 창조할 때와 같이 그냥 있다 하니"(벧후 3:3-4)라고 기록하고 있습니다.

그러나 사람이 태어날 때가 있으면 반드시 죽을 때가 오는 것처럼 인류 역사도 시작이 있으면 반드시 끝이 있게 마련입니다. 하나님께서 정하신 때가 이르면 이 세상 모든 것은 마침내 종말을 맞는 것이지요.

"그때에 네 민족을 호위하는 대군 미가엘이 일어날 것이요

또 환난이 있으리니 이는 개국 이래로 그때까지 없던 환난일 것이며

그때에 네 백성 중 무릇 책에 기록된 모든 자가 구원을 얻을 것이라

땅의 티끌 가운데서 자는 자 중에

많이 깨어 영생을 얻는 자도 있겠고

수욕을 받아서 무궁히 부끄러움을 입을 자도 있을 것이며

지혜 있는 자는 궁창의 빛과 같이 빛날 것이요

많은 사람을 옳은 데로 돌아오게 한 자는

별과 같이 영원토록 비취리라

다니엘아 마지막 때까지 이 말을 간수하고 이 글을 봉함하라

많은 사람이 빨리 왕래하며 지식이 더하리라” (다니엘 12:1-4)

하나님께서 다니엘 선지자를 통해 마지막 때에 대해 예언한 것입니다. 혹자는 이 말씀이 이미 역사를 통해 이루어졌다고 생각할 수도 있습니다. 하지만 온전히 이루어지는 때는 인류 역사의 마지막 순간이 가까운 시점으로서 이 내용은 신약 곳곳에 예언된 인류의 마지막 때에 대한 내용과도 일치합니다.

다니엘의 예언은 주님의 공중 강림의 때와 관련하여 말씀한 것으로서 “이는 개국 이래로 그때까지 없던 환난일 것이며 그때에 네 백성 중 무릇 책에 기록된 모든 자가 구원을 얻을 것이라” 하신 말씀은 인류의 마지막 때에 있을 ‘7년 대환난’과 ‘구원’에 대한 말씀입니다.

또한 “많은 사람이 빨리 왕래하며 지식이 더하리라” 하신 말씀은 분명히 오늘날을 사는 우리의 모습을 설명한 것으로 단순히 서기 70년에 일어난 이스라엘의 멸망을 예언한 것이 아니라 마지막 때의 징조

를 말씀하신 것입니다.

예수님께서도 마지막 때의 징조에 관해 자세히 말씀해 주셨습니다. 마태복음 24장을 보면 난리와 난리의 소문이 있을 것과 민족이 민족을, 나라가 나라를 대적하여 일어나고 처처에 기근과 지진이 있을 것을 말씀하며 거짓 선지자가 일어나 많은 사람을 미혹할 것과, 불법이 성하므로 사랑이 식을 것도 알려 주셨습니다.

과연 오늘날 세계는 어떠한가요? 난리와 난리의 소문은 날이 갈수록 더해 가고 있으며 민족과 민족이, 나라와 나라가 서로 대립하는데 그 상황은 날로 심해집니다. 전 세계적으로 하루가 멀게 전쟁과 테러의 소식이 들려오고 기근과 지진과 자연 재해와 이상 기후로 인한 재앙이 날로 커져 가고 있습니다. 뿐만 아니라 세계 어느 곳을 보아도 불법이 성하지 않은 곳이 없으며 사람들의 사랑은 식을 대로 식고 말았습니다.

이에 대해서 디모데후서에는 다음과 같이 기록합니다.

"네가 이것을 알라

말세에 고통하는 때가 이르리니

사람들은 자기를 사랑하며 돈을 사랑하며 자긍하며 교만하며 훼방하며

부모를 거역하며 감사치 아니하며 거룩하지 아니하며 무정하며

원통함을 풀지 아니하며 참소하며 절제하지 못하며 사나우며

선한 것을 좋아 아니하며 배반하여 팔며 조급하며

깨어 들을지어다

자고하며 쾌락을 사랑하기를 하나님 사랑하는 것보다 더하며

경건의 모양은 있으나 경건의 능력은 부인하는 자니

이 같은 자들에게서 네가 돌아서라" (디모데후서 3:1-5)

이 말씀대로 오늘날에는 사람들이 선한 것을 좋아하지 않고 돈을 사랑하며 쾌락을 사랑하여 자신의 유익을 좇아 살인, 방화 등 흉악한 범죄와 악한 일들을 서슴지 않습니다. 그러한 일이 너무 많다 보니 마음이 무디어져 이제는 어지간한 일로는 놀라지도 않습니다. 이 모든 것을 볼 때 이 시대가 참으로 마지막을 향해 치닫고 있음을 부인할 수 없을 것입니다.

이스라엘 민족의 역사를 통해서도 주님께서 재림하실 마지막 때에 대한 징조를 찾을 수 있습니다.

마태복음 24장 32-33절을 보면 "무화과나무의 비유를 배우라 그 가지가 연하여지고 잎사귀를 내면 여름이 가까운 줄을 아나니 이와 같이 너희도 이 모든 일을 보거든 인자가 가까이 곧 문 앞에 이른 줄 알라" 말씀하셨습니다. 여기서 무화과나무란 바로 이스라엘을 비유한 것입니다.

겨우내 앙상하게 죽은 것 같던 나무가 봄이 되면 싹을 틔우고 가지가 자라 잎사귀를 내듯이 서기 70년에 멸망하여 나라로서의 자취를 완전히 감춰 버렸던 이스라엘이 다시 독립된 국가를 이룰 것을 말씀

깨어라 이스라엘

하신 것이지요. 중요한 것은 이때가 되면 바로 주님의 공중 강림이 가까움을 알라고 하셨다는 사실입니다.

이 말씀은 1948년 이스라엘이 국가를 재건함으로써 그대로 이루어졌습니다. 따라서 이스라엘은 그들이 아직까지 기다리는 메시아가 이미 약 2천 년 전에 이 땅에 와서 온 인류의 구세주가 되어 주셨으며, 이제 얼마 후면 온 세상의 심판주로서 이 땅에 강림한다는 사실을 기억해야 할 것입니다.

그러면 성경에 예언된 마지막 때를 사는 인류에게 과연 어떤 미래가 기다리는 것일까요?

주님의 공중 강림과 휴거

지금부터 약 2천 년 전에 십자가에 못 박혀 죽으시고 3일 만에 사망 권세를 깨뜨리고 부활하신 예수님께서는 많은 사람이 보는 가운데 하늘로 올라가셨습니다.

> "갈릴리 사람들아 어찌하여 서서 하늘을 쳐다보느냐 너희 가운데서
> 하늘로 올리우신 이 예수는 하늘로 가심을 본 그대로 오시리라"
> (사도행전 1:11)

주님께서는 인간 구원의 길을 열어 놓고 하늘로 올라가 하나님의 보좌 우편에 앉아 구원받은 성도들의 처소를 예비하십니다. 그리하여

깨어 들을지어다

하나님의 때가 이르고 천국의 처소가 예비되면 다시 오실 것입니다. 주님께서 어떤 모습으로 다시 오시는지에 대해서는 성경에 잘 나와 있습니다.

> "주께서 호령과 천사장의 소리와 하나님의 나팔로
>
> 친히 하늘로 좇아 강림하시리니
>
> 그리스도 안에서 죽은 자들이 먼저 일어나고
>
> 그 후에 우리 살아남은 자도 저희와 함께 구름 속으로
>
> 끌어올려 공중에서 주를 영접하게 하시리니
>
> 그리하여 우리가 항상 주와 함께 있으리라" (데살로니가전서 4:16-17)

주님께서 수많은 천군 천사가 호위하는 가운데 구름을 타고 공중에 강림하시는 모습은 얼마나 장관이겠습니까? 구원받은 성도들은 모두 신령한 몸으로 변화되어 공중에서 신랑되신 주님과 7년 동안 혼인 잔치를 벌입니다. 이때 살아서 구원받은 성도들이 공중으로 들려 오르는 사건을 '휴거'라고 합니다.

죄악이 가득 찬 이 세상에서 믿음으로 구원받기 위해 신부단장에 힘써 온 성도들은 공중에서 신랑되신 주님을 만나 7년 동안 혼인 잔치를 하니 얼마나 기쁘고 행복하겠습니까?

> "우리가 즐거워하고 크게 기뻐하여 그에게 영광을 돌리세

어린 양의 혼인 기약이 이르렀고 그 아내가 예비하였으니

그에게 허락하사 빛나고 깨끗한 세마포를 입게 하셨은즉

이 세마포는 성도들의 옳은 행실이로다 하더라

천사가 내게 말하기를 기록하라 어린 양의 혼인 잔치에

청함을 입은 자들이 복이 있도다 하고 또 내게 말하되

이것은 하나님의 참되신 말씀이라" (요한계시록 19:7-9)

휴거된 성도들은 주님과 혼인 잔치를 하면서 믿음으로 세상을 이긴 것에 대해 위로를 받습니다. 하지만 휴거되지 못한 사람들은 악한 영들에 의해 상상할 수 없는 환난을 당합니다.

휴거되지 못한 사람들에게 임하는 7년 대환난

구원받은 성도들이 공중에서 주님과 7년 동안 혼인 잔치를 하면서 행복한 미래를 설계하는 동안 이 땅에는 인류 역사상 유례없는 대환난이 임하여 이루 말로 표현할 수 없는 참상이 벌어집니다.

과연 7년 대환난은 어떻게 시작될까요? 주님께서 공중 강림하고 많은 사람이 한꺼번에 휴거되니 이 땅에 남은 사람들은 가족, 친지, 지인들이 사라진 것으로 인해 놀라고 당황하여 사라진 사람들을 찾아 곳곳을 헤매기도 합니다.

그러나 잠시 후 그것이 기독교에서 말하는 휴거라는 사실을 알면서 휴거되지 못한 자신들에게 성경에 예언된 7년 대환난이 닥쳐온다는

깨어 들을지어다

사실을 깨닫고 극도의 불안과 공포에 휩싸입니다. 또한 비행기나 선박, 열차, 차량 등의 운전자 중에도 구원받은 사람이 휴거되면서 수많은 교통사고와 건물의 붕괴, 화재 등이 발생하여 세상에는 큰 무질서와 혼란이 일어납니다.

이때 한 인물이 등장하는데 바로 유럽 연합(EU)의 통치자입니다. 그는 정치, 경제, 군사적 힘을 바탕으로 신속하게 세계의 질서를 바로잡고 평화와 안정을 가져다줍니다. 그래서 많은 사람이 그의 등장을 기뻐하고 환영하며 적극적인 충성과 지원을 통해 힘을 실어 줍니다.

과거 독일 나치 정권의 출현도 이러한 이유로 가능했지요. 인플레이션이 심각한 상태에 이르고 실업자가 넘치며 생계가 어려워지면서 급속하게 힘을 얻은 것입니다. 나치당은 정상적인 상황이라면 호응받기 어려운 비논리적인 이념을 가지고 있었고 처음에는 지지하는 사람도 거의 없었습니다.

그런데 사회, 경제 모든 분야가 혼란스럽고 암울한 상황이 계속되자 사람들은 극단적인 방법으로라도 위기를 극복하기 원했고, 결국 나치 세력이 힘을 얻어 2차 세계대전까지 일으키게 된 것입니다.

유럽 연합의 통치자도 이와 같은 상황 속에 나타나는데 그가 성경에 예언된 7년 대환난을 주도할 적그리스도입니다. 마치 평화의 메신저인양 등장하는 그가 세계의 질서를 유지하고 통치하는 데에 이용하는 것이 바로 성경에 기록된 '짐승의 표' 666입니다.

"저가 모든 자 곧 작은 자나 큰 자나

부자나 빈궁한 자나 자유한 자나 종들로

그 오른손에나 이마에 표를 받게 하고

누구든지 이 표를 가진 자 외에는 매매를 못하게 하니

이 표는 곧 짐승의 이름이나 그 이름의 수라

지혜가 여기 있으니

총명 있는 자는 그 짐승의 수를 세어 보라

그 수는 사람의 수니 육백육십육이니라" (요한계시록 13:16-18)

짐승의 표 666이란 무엇인가

여기서 짐승이란 컴퓨터를 말합니다. 유럽 연합(EU)은 컴퓨터를 이용하여 자신들의 체제를 구축해 갑니다. 그들은 사람의 오른손이나 이마에 바코드를 받게 하는데 그것이 바로 짐승의 표 666입니다. 개인 정보를 담은 바코드를 사람의 몸에 심어 그가 어디를 가는지, 무엇을 하는지 컴퓨터로 일일이 감시하고 통제하는 것입니다.

짐승의 표 666이 신용카드나 신분증을 대신하기 때문에 사람들에게는 더 이상 화폐가 필요 없고 당연히 도둑을 맞거나 분실할 염려도 없습니다. 이런 유익점이 있으므로 666이 신속하게 보급되어 세계가 자연스럽게 하나 되고 이 표를 받지 않으면 신분이 보장되지 않으며 매매 활동도 할 수 없습니다.

7년 대환난 초기부터 표를 받게 하지만 체제를 확립할 때까지 강제

깨어 들을지어다

성을 띠지는 않고 적극 권장하는 정도에 그칩니다. 그러나 체제가 안정되고 7년 대환난의 중반이 넘어서면서부터는 모든 사람에게 **표**를 받도록 강요하며 거부하는 것을 용납하지 않습니다. 이처럼 유럽 연합은 짐승의 표를 통해 사람들을 속박하고 자신이 원하는 대로 이끌어가는 것입니다.

결국 7년 대환난에 떨어진 대다수의 사람은 적그리스도의 통치와 짐승의 정부에 예속되어 추종하게 됩니다. 이를 주관하는 자는 원수 마귀 사단이므로 하나님을 대적하며 사람들을 악하고 불의한 죄의 길, 멸망의 길로 인도합니다.

이 가운데서 적그리스도의 통치에 따르지 않는 사람들이 나타납니다. 이들은 참 믿음을 갖지 못했기 때문에 주님의 공중 강림 때 휴거되지 못한 영혼들입니다.

그들 중에는 한때 주님을 믿고 은혜를 받았지만 그 은혜가 식어서 세상으로 떠난 이도 있고, 교회를 다닌다 하면서도 영적인 믿음이 없이 세상 정욕대로 살았던 이도 있지요. 또 새로이 전도받아 예수 그리스도를 영접한 사람도 있으며 그중에는 휴거라는 사건을 통해 깨어난 이스라엘 백성도 있습니다.

그들은 실제로 일어난 휴거 사건을 목도하면서 성경의 모든 말씀이 참이었다는 사실을 깨닫고 땅을 치며 통곡합니다. 큰 두려움에 사로잡혀 하나님 뜻대로 살지 못한 지난날을 회개하며 어찌하든 구원받을 길을 찾으려고 애쓰는 것입니다.

"또 다른 천사 곧 셋째가 그 뒤를 따라 큰 음성으로 가로되

만일 누구든지 짐승과 그의 우상에게 경배하고

이마에나 손에 표를 받으면

그도 하나님의 진노의 포도주를 마시리니

그 진노의 잔에 섞인 것이 없이 부은 포도주라

거룩한 천사들 앞과 어린 양 앞에서

불과 유황으로 고난을 받으리니

그 고난의 연기가 세세토록 올라가리로다

짐승과 그의 우상에게 경배하고 그 이름의 표를 받는 자는

누구든지 밤낮 쉼을 얻지 못하리라 하더라

성도들의 인내가 여기 있나니

저희는 하나님의 계명과 예수 믿음을 지키는 자니라"

(요한계시록 14:9-12)

짐승의 표를 받으면 자연히 하나님을 대적하는 적그리스도에게 순종할 수밖에 없기 때문에 성경은 짐승의 표를 받는 자는 구원에 이르지 못한다고 분명히 말씀합니다. 이러한 사실을 아는 성도들은 어찌하든 그 표를 받지 않으려고 합니다. 자신도 믿음이 있다는 증거를 삼으려 하는 것입니다.

이때부터 적그리스도의 본색이 드러납니다. 자신의 통치에 저항하며 표를 받지 않는 사람들을 반사회적이며 사회 안정을 반대하는 불순

깨어 들을지어다

분자로 낙인 찍어 고통을 가하지요. 강제적으로 예수 그리스도를 부인하고 666표를 받게 하는 것입니다. 그리고 이를 거부하는 사람에게는 극심한 박해를 가하는데 이로써 본격적인 순교가 시작됩니다.

짐승의 표를 받지 않고 순교해야 구원

7년 대환난 때 짐승의 표를 거부하는 사람들이 받는 고문은 참으로 상상할 수 없이 가혹합니다. 그 고통을 견뎌 내기란 매우 힘든 일이므로 구원의 마지막 기회를 잡는 사람들은 극소수에 불과합니다. 혹자는 '내가 여전히 마음에는 믿지만 고문이 너무 혹독하여 입술로만 주를 부인하는 것이니 구원해 주실 거야.' 라고 생각하며 666표를 받기도 하지만 결코 구원이 없습니다.

2차 세계대전 당시에도 가혹한 고문과 학살이 자행되었고 인간을 생체 실험 대상으로 사용하기까지 하였습니다. 그러나 앞으로 있을 7년 대환난 때의 고문은 그 당시와는 가히 비교할 수 없습니다. 휴거 이후에 이 세상을 지배하는 것은 원수 마귀 사단이고, 그와 하나인 적그리스도이므로 일말의 동정이나 인간적인 정을 기대할 수는 없습니다.

원수 마귀와 적그리스도의 세력은 어찌하든 예수 그리스도를 부인하게 하여 지옥 백성으로 삼기 위해 온갖 잔인한 방법을 동원하여 고문을 가합니다. 지금까지 개발된 모든 고문 기법과 최첨단 장비가 동원되며 극도의 고통과 공포를 주면서도 쉽게 죽을 수조차 없는 무서운 고문이 가해지는 것입니다.

고문을 받는 사람들은 차라리 죽기를 간절히 원하지만 자살을 하면 구원받을 수 없고 적그리스도 또한 쉽게 죽여 주지 않으니 죽음조차 스스로 선택할 수 없습니다.

하나님께서는 제게 결국 대부분의 사람이 고문을 이기지 못하고 적그리스도 앞에 굴복하는 모습을 보여 주셨습니다. 어떤 사람들은 자신이 받는 고통은 강한 인내와 의지로 이겨 내지만 사랑하는 부모나 자녀들이 자신의 눈앞에서 고문받는 모습을 보면 견디지 못하고 굴복하여 표를 받기도 하였습니다.

그런 와중에서 지극히 적은 숫자이기는 하지만 정녕 중심이 곧고 바른 몇몇 사람은 고문과 적그리스도의 온갖 유혹을 이겨 내고 순교합니다. 이렇게 순교하여 믿음을 지킨 이들은 뒤늦게나마 구원의 대열에 동참하게 됩니다.

임박한 환난을 피할 수 있는 구원의 길

2차 세계대전 당시 독일에서 비교적 안정된 삶을 누리던 유대인들은 잠시 후 자신들 앞에 600만 명의 학살이라는 엄청난 재앙이 기다릴 줄은 전혀 알지 못했습니다. 그들에게 평안과 안정을 제공해 준 독일이 순식간에 그런 악의 세력으로 돌변할 줄은 아무도 몰랐던 것입니다.

당시 유대인들은 속수무책으로 당할 수밖에 없었으나 하나님께서는 이제 또다시 다가올 무서운 재앙으로부터 유대인들이 피할 수 있기를 원하십니다. 그리하여 마지막 때의 일들을 성경에 자세히 기록해

깨어 들을지어다

놓았고 하나님의 사람들을 통해 그 재앙에 대하여 경고하며 깨어날 것을 말씀하시는 것입니다.

중요한 것은 이스라엘 역시 이 모든 재앙과 환난에서 벗어날 수 없으며 오히려 대환난의 중심에 서게 된다는 점입니다. 또한 이 일이 속히 될 일이고, 준비되지 않은 사람들에게 반드시 임할 일입니다. 이러한 것을 깨달아 영적인 잠을 자는 이들에게 임할 엄청난 재앙으로부터 벗어나야 합니다.

바로 지금이 이스라엘이 깨어야 할 시간입니다. 메시아를 알아보지 못한 것을 회개하고 인류의 구세주이신 예수 그리스도를 영접하여 하나님께서 원하시는 믿음을 소유해야 주님의 공중 강림 때에 기쁨으로 휴거될 수 있습니다.

2차 세계대전 이전에 유대인에게 안식을 제공한 독일과 같이 여러분 앞에 평화의 화신인양 등장할 적그리스도, 그러나 잠시 후 그 기대를 저버리고 엄청난 재앙을 몰고 올 그 거대한 세력이 지금 무섭게 성장하고 있다는 사실을 기억하시기 바랍니다.

열 발가락

성경에는 장차 일어날 일에 대한 예언적인 내용이 담겨 있습니다. 특별히 선지자들이 기록한 예언서를 보면 이스라엘의 앞일뿐만 아니라 세계사에 대한 예언도 많이 기록되어 있습니다. 그 이유는 무엇일까요? 이는 인류 역사의 마지막 순간까지 하나님의 선민 이스라엘이 중심에 서 있기 때문입니다.

다니엘서에 등장하는 두려운 신상에 관한 예언

다니엘서는 이스라엘의 미래에 대한 예언적인 내용뿐 아니라 그와 연관하여 마지막 때 세계 정세가 어떻게 돌아갈 것인지에 대해서도 기

록했습니다. 다니엘 2장 31-33절에 나오는 느부갓네살 왕의 꿈을 풀
이한 말씀도 마지막 때 될 일을 예언한 내용입니다.

"왕이여 왕이 한 큰 신상을 보셨나이다

그 신상이 왕의 앞에 섰는데

크고 광채가 특심하며 그 모양이 심히 두려우니

그 우상의 머리는 정금이요 가슴과 팔들은 은이요

배와 넓적다리는 놋이요 그 종아리는 철이요

그 발은 얼마는 철이요 얼마는 진흙이었나이다"

그렇다면 이 말씀은 과연 마지막 때에 일어날 세계 정세를 어떻게
예언하는 것일까요?

느부갓네살 왕이 꿈에 보았던 '큰 신상'이란 바로 유럽 연합(EU)
을 가리킵니다. 지금 세계는 크게 두 개의 힘에 의해 좌우되고 있는데,
바로 미국과 유럽 연합입니다.

물론 러시아나 중국과 같은 나라들의 영향력도 무시할 수는 없지
만, 지금 세계를 가장 크게 움직이는 것은 경제력과 군사력을 모두
갖춘 미국과 유럽 연합의 힘입니다.

아직은 유럽 연합의 힘이 다소 미약한 듯하나 앞으로 계속 커져 갈
것이고 오늘날 여기에 대해 이견을 다는 사람은 거의 없습니다. 이제
까지는 미국이 거의 독주하는 양상을 보여 왔지만 앞으로는 유럽 연

깨어라 이스라엘

합의 힘이 점차 커지고 결국 미국보다 우위를 차지할 것입니다.

지금으로부터 수십 년 전만 해도 유럽이 하나의 체제로 통일될 수 있으리라고는 누구도 상상하지 못했습니다. 물론 유럽 연합에 대한 논의는 오래 전부터 있었지만 막상 민족과 문화, 언어와 화폐 등 수많은 장벽이 있는 유럽의 국가들이 한 공동체를 형성하리라고는 감히 어느 누구도 확신할 수 없었던 것입니다.

그런데 1980년대 후반에 들어서면서 유럽 연합에 대한 논의가 본격화되었습니다. 가장 큰 이유는 바로 경제 때문입니다. 세계의 흐름을 주도해 가는 힘이 이전의 냉전 시대에서는 군사력이었지만, 냉전 시대가 막을 내리면서 그 힘이 경제력으로 급속히 바뀐 것입니다.

이에 대비하기 위해 유럽은 하나의 공동체를 이루려는 노력을 기울였고, 지금은 그것이 결실을 맺어 군사, 경제 면에서 이미 하나를 이룬 상태입니다. 이제 남은 것은 정치적 통합뿐인데, 이 역시 빠른 속도로 진행되고 있습니다.

이러한 유럽 연합의 움직임과 관련하여 "그 신상이 왕의 앞에 섰는데 크고 광채가 특심하며 그 모양이 심히 두려우니" 했는데 이는 유럽 연합이 앞으로 얼마나 강한 세력으로 부상할지를 나타내는 것입니다.

막강한 권세를 지니게 될 유럽 연합

그러면 유럽 연합은 어떻게 해서 막강한 힘을 소유하는 것일까요?

깨어 들을지어다

다니엘 2장 32절 이하에는 신상의 머리, 가슴과 팔, 배와 넓적다리, 종아리, 열 발가락이 무엇으로 만들어졌는지 설명하는데 이에 대해 살펴보겠습니다.

먼저 "그 우상의 머리는 정금"이라 한 것은 그들이 부의 축적을 통해 경제권을 장악하는 것을 의미합니다. 즉 경제적인 통합을 통해 많은 이득을 본다는 말입니다.

또한 "가슴과 팔들은 은"이라 한 것은 사회적, 문화적, 정치적 통합을 나타냅니다. 앞으로 유럽 연합을 대표하는 한 대통령이 나오면 정치적 통합을 통해 유럽은 사회적, 문화적으로도 완전히 하나가 된다는 것을 의미합니다. 하지만 이러한 통합의 배경에는 언제나 경제적인 이익을 추구하려는 궁극적인 목적이 자리잡고 있습니다.

다음으로 "배와 넓적다리는 놋"이라 했는데, 이는 군사적인 통합을 의미합니다. 군사적 결합 역시 결국에는 경제적인 목적을 위한 결합이라는 대전제 아래 이루어집니다.

이어 "종아리는 철"이라 했는데, 이는 유럽 연합의 결속을 든든히 떠받칠 또 하나의 힘을 의미하는 것으로서 바로 종교적인 결속을 뜻합니다. 앞으로 유럽 연합은 천주교를 국교로 선포함으로 천주교가 힘을 얻고 유럽 연합을 결속하는 하나의 커다란 받침대가 됩니다.

열 발가락의 영적인 의미

물론 유럽 연합이 하나 되는 데에 장애가 전혀 없는 것은 아닙니다.

깨어라 이스라엘

초기에는 각국이 경제적인 목적을 위해 서로 양보하여 하나로 통합될 수 있었지만, 시간이 지남에 따라 사회, 문화, 정치적 갈등이 불거지면서 분열의 조짐이 나타나는 것입니다. 여기에 종교적인 갈등까지 표면화됩니다.

다니엘 2장 33절에 "그 발은 얼마는 철이요 얼마는 진흙"이라 했는데 이는 열 발가락 중 일부는 철이요, 일부는 진흙으로 구성되어 있다는 의미입니다. 열 발가락이라 해서 꼭 열 나라만을 의미하는 것은 아니며 대표적으로 천주교를 믿는 강대국 다섯 나라와 기독교를 믿는 다섯 나라를 지칭합니다.

그런데 철과 진흙이 섞일 수 없듯이 유럽 연합 내에서도 천주교가 강한 나라와 기독교가 강한 나라 사이에 주축이 되는 나라와 속국이 되는 나라가 있으므로 이들이 합하지 못하는 상황을 말해 줍니다.

이러한 분열의 조짐이 보일수록 유럽 연합의 유지를 위해 종교적인 결속의 필요성이 더욱 커지고, 이런 와중에 천주교는 더욱 힘을 얻습니다.

그래서 마지막 때에 경제적인 이익을 목적으로 형성된 유럽 연합은 결국 하나의 거대한 힘으로 떠오르고 여기에 종교를 통한 결속력이 강조되면서 하나의 우상과 같은 존재가 됩니다.

우상이란 숭배와 경외의 대상이 되는 것을 말합니다. 이런 의미에서 유럽 연합은 세계의 흐름을 주도하는 막강한 힘의 세력, 즉 우상으로서 세계 위에 군림하는 것입니다.

3차 세계대전의 발발과 유럽 연합

앞서 말씀드린 대로 마지막 때 주님께서 공중에 강림하시면 온 세계의 수많은 성도가 순간에 휴거되고, 이 땅에는 엄청난 혼란이 생깁니다. 그때 전 세계의 안정과 질서를 잡는다는 명분으로 유럽 연합이 빠른 시일 안에 세계를 통제하고, 그들이 7년 대환난을 주도하는 세력이 된다 했습니다.

물론 서로 잇속을 차리는 가운데 유럽 연합도 결국 분열되기는 하지만 이것은 휴거 사건이 있은 후 7년 대환난 중에 생길 일입니다. 한편 이스라엘의 미래는 세계사와 맞물려 돌아가는데 다니엘 12장에 예언된 7년 대환난의 시작 역시 이스라엘과 세계의 역사가 때를 맞추어 일어납니다.

이는 예수 그리스도를 구세주로 영접하여 하나님의 자녀가 된 사람들이 주님의 공중 강림과 함께 홀연히 변화되어 하늘로 휴거된 뒤에 있을 일입니다.

이때 예수님을 구세주로 영접하지 못한 대다수의 유대인은 이 땅에 남아 7년 대환난을 겪지요. 말로 다 표현할 수 없을 만큼 처절하고 비참하여 전쟁과 살육, 기아와 질병, 재앙 등으로 인류 역사에 가장 처참한 환난이 됩니다.

이러한 7년 대환난의 시작을 알리는 사건이 이스라엘에서도 일어나게 되는데 바로 이스라엘과 중동 국가들 사이의 전쟁입니다. 지금도 이스라엘과 중동 국가 간에는 팽팽한 긴장이 계속되는 가운데 분쟁이 끊이지 않습니다. 이러한 분쟁이 격해지면서 장차 강대국들 사이의 석유를 둘러싼 이권 다툼과 열강들의 국제적인 지위를 둘러싼 자존심 대결로 인해 전쟁이 일어나는 것입니다.

이스라엘의 전통적인 우방인 미국이 이스라엘을 지원하자, 이에 대응하여 미국을 견제하는 유럽 연합과 중국, 러시아 등이 중동 편에 서서 맞서는데 이것이 바로 3차 세계대전입니다.

3차 세계대전은 2차 세계대전과는 그 양상이 전혀 다릅니다. 2차 세계대전 역시 4-5천만 명 이상이 목숨을 잃은 끔찍한 재난이었습니다. 그러나 지금은 당시와 비교할 수 없을 만큼 위력적인 핵폭탄과 생화학 무기, 미사일, 폭격기 등 첨단 무기가 수없이 개발되어 있으니 그 참상은 가히 상상하기도 어렵습니다.

지금까지 개발된 핵무기와 첨단 무기들이 무차별적으로 사용되어 가공할 만한 파괴와 살상이 이루어짐으로 전쟁의 중심국들은 완전히 초토화되고 피폐해집니다. 핵폭발에 의한 방사능 오염을 비롯하여 기상이변, 천재지변 등 2차적 피해가 뒤따르므로 지구 전체가 말 그대로 생지옥이 되는 것입니다.

이러한 상황에서 핵을 더 사용하면 전 인류의 생존이 위협받으므로 핵 사용을 자제하는 흐름으로 갑니다. 하지만 핵을 제외한 다른 무기와 수많은 군대가 총동원되어 전쟁이 지속되므로 전쟁의 전면에 선

깨어 들을지어다

미국과 중국, 러시아 등은 사실상 회복할 수 없는 상황에 이릅니다.

세계 각국이 다시 일어설 수 없을 정도로 몰락한 가운데 유럽 연합은 그 피해의 중심을 비켜갑니다. 유럽 연합은 중국과 러시아 등과 연합하여 그들을 지원해 줄 것을 약속하지만 적극적으로 전쟁의 전면에 나서지는 않으므로 다른 국가에 비해 큰 피해를 입지 않습니다.

그래서 전무후무한 전쟁의 소용돌이 속에 미국을 비롯한 다른 강대국이 엄청난 피해를 입고 힘을 잃음으로써 유럽 연합은 세계를 지배할 수 있는 유일의 절대 강자가 되는 것입니다.

전쟁을 관망하다가 다른 강대국이 회복될 수 없을 정도로 경제적, 군사적으로 피폐해졌을 때 유럽 연합이 전면에 나서 사태를 수습해 갑니다. 이미 모든 힘을 잃은 각국은 유럽 연합의 뜻에 따라 움직일 수밖에 없습니다.

바로 이때부터 7년 대환난의 후반이 시작되고 3년 반 동안 유럽 연합의 통치자인 적그리스도는 전 세계를 좌지우지하면서 자신을 신격화하며 이에 거스르는 이들에게 무서운 고문과 핍박을 가하는 것입니다.

드러나는 적그리스도의 실체와 이스라엘

유럽 연합은 세계를 자신들의 뜻대로 이끌어 가기 위해 초기에는 전쟁의 피해 당사자인 중국, 러시아 등에 복구를 위한 경제적 지원을 약속합니다. 또한 전쟁의 중심에서 희생당한 이스라엘에게는 그들이 그토록 바랐던 성전을 지어 줄 것을 약속하는 등 유화정책을 씁니다. 이때 이스라엘은 오래 전 하나님의 축복 가운데 누린 영화의 부활을 꿈꾸며 유럽 연합과 손을 잡습니다.

이스라엘을 지원해 주는 유럽 연합의 대통령은 이스라엘에게 가히 구세주와 같은 인물로 떠오릅니다. 지루하게 끌어오던 중동과의 분쟁이 마무리되는 것처럼 보이고 잃었던 성지를 되찾아 성전을 짓는 것을 보면서 그토록 기다리던 메시아, 즉 이스라엘을 온전히 회복시키고 영화롭게 할 자신들의 왕이 왔다고 믿기 때문입니다.

그러나 이스라엘의 기대는 곧 무너지고 맙니다. 예루살렘에 성전 재건이 이루어지는 순간, 생각지 못한 일이 일어나기 때문입니다. 이에 대해 구약 다니엘서에서는 다음과 같이 예언하는데 과연 어떤 일이 일어나는 것일까요?

"그가 장차 많은 사람으로 더불어

　한 이레 동안의 언약을 굳게 정하겠고

　그가 그 이레의 절반에 제사와 예물을 금지할 것이며

　또 잔포하여 미운 물건이 날개를 의지하여 설 것이며

　또 이미 정한 종말까지 진노가 황폐케 하는 자에게 쏟아지리라

　하였느니라" (다니엘 9:27)

"군대는 그의 편에 서서 성소 곧 견고한 곳을 더럽히며

깨어 들을지어다

매일 드리는 제사를 폐하며

멸망케 하는 미운 물건을 세울 것이며" (다니엘 11:31)

"매일 드리는 제사를 폐하며

멸망케 할 미운 물건을 세울 때부터

일천이백구십 일을 지낼 것이요" (다니엘 12:11)

이 말씀들은 모두 한 가지 공통된 사건을 암시합니다. 바로 세상 끝에 있을 일에 대한 것으로서 예수님께서도 이를 인용하여 세상 끝 날에 대해 말씀하셨습니다.

마태복음 24장 15-16절에 "너희가 선지자 다니엘의 말한 바 멸망의 가증한 것이 거룩한 곳에 선 것을 보거든 (읽는 자는 깨달을진저) 그때에 유대에 있는 자들은 산으로 도망할지어다"라고 말씀한 것입니다.

유럽 연합의 도움으로 이스라엘이 그토록 성스럽게 여기는 성지에 세워진 성전 안에 하나님께서 금한 가증한 것이 서게 됩니다. 그제야 유대인들은 자신들의 신앙이 그릇되었음을 알고 그토록 외면했던 예수 그리스도가 하나님께서 보내신 구세주임을 깨닫는 것입니다.

이것이 바로 지금 이스라엘이 깨어야 하는 이유입니다. 깨어 있지 않으면 이러한 사실을 깨달을 수 없고 혹 뒤늦게 깨닫는다 해도 돌이킬 수 없기 때문입니다.

그러니 깨어 있어 결코 적그리스도의 미혹에 넘어가거나 짐승의 표인 666을 받지 말아야 합니다. 여러분에게 평화와 번영을 가져다준다는 적그리스도의 달콤한 말에 현혹되어 666표를 받는다면 다시는 돌이킬 수 없는 영원한 사망의 길로 갈 수밖에 없습니다.

안타까운 것은 많은 이스라엘 백성이 다니엘의 예언대로 짐승의 정체가 드러난 후에야 자신들의 믿음이 잘못되었다는 것을 깨닫는다는 사실입니다. 그러나 여러분은 이 책자를 통해 하나님이 보내신 메시아를 영접함으로써 결코 7년 대환난에 떨어지는 비극의 주인공이 되어서는 안 될 것입니다.

이를 위해서는 우리의 구세주 되시는 예수 그리스도를 속히 영접하고 하나님께서 원하시는 신앙생활을 영위하여 7년 대환난에서 벗어나야 합니다.

만일 주님의 공중 강림 때에 휴거될 기회를 잃고 이 땅에 남았다면 그것은 참으로 안타까운 일이지만 다행히 아직 구원의 기회가 남아 있습니다.

지금이라도 예수 그리스도를 영접하고 다가올 재앙 가운데 어떻게 믿음을 지켜야 하는지, 하나님께서 여러분을 위해 예비하신 구원의 길은 무엇인지, 성경과 책자들을 통해 그 길을 인도받기를 간절히 부탁드립니다.

깨어 들을지어다

끊임없는 하나님의 사랑

• • •

하나님께서는 인종과 민족에 관계없이 예수 그리스도를 구세주로 영접하여 하나님의 뜻대로 행하는 사람은 누구든지 자녀로 삼아 영생 복락을 누릴 수 있는 축복을 주셨습니다.

그런데 정작 하나님의 선민 이스라엘은 어떻습니까? 많은 사람이 구원의 대열에서 빠져 있습니다. 안타까운 것은 주님의 공중 강림과 동시에 이 땅에 있는 하나님의 자녀들이 공중으로 휴거되는 순간까지도 예수 그리스도를 통한 구원의 섭리를 깨닫지 못하는 사람이 많다는 사실입니다.

그렇다면 하나님께 선택받은 이스라엘은 과연 어떻게 되는 것일까요? 끝까지 구원의 대열에서 제외되고 마는 것일까요? 사랑의 하나님께서는 인간 경작의 마지막 순간에 맞추어 이스라엘에 향하신 놀라운 섭리를 예비해 놓으셨습니다.

> "하나님은 인생이 아니시니 식언치 않으시고
>
> 인자가 아니시니 후회가 없으시도다
>
> 어찌 그 말씀하신 바를 행치 않으시며
>
> 하신 말씀을 실행치 않으시랴" (민수기 23:19)

과연 그 섭리는 무엇일까요? 자신들이 나무 십자가에 못 박은 예수가 그토록 기다리던 구세주임을 깨달아 철저히 하나님 앞에 회개하고 돌이킨 후에 구원의 자리에 들어올 수 있도록 예비해 놓은 '이삭줍기 구원'입니다.

이삭줍기 구원

7년 대환난에 남은 사람들 중에 휴거를 목격함으로 크게 깨우쳐 정말로 천국과 지옥이 있고, 하나님이 계시며 예수 그리스도가 우리의 구세주가 되신다는 것을 마음에 받아들인 사람들은 짐승의 표를 받지 않으려 합니다. 이들은 휴거 사건을 통해 새롭게 변화되어 열심히 하나님 말씀을 읽고 모여 예배하면서 말씀대로 살기 위해 노력합니다.

7년 대환난의 초기에는 아직 조직적인 핍박이 없기 때문에 많은 사람이 이렇게 믿음생활을 하며 전도도 합니다. 이들은 짐승의 표를 받

깨어 들을지어다

지 않으며, 7년 대환난 때에라도 어찌하든 구원받고자 노력하지만 이미 성령을 거둔 상태이므로 믿음을 지키기란 참으로 어렵습니다.

예배를 인도하거나 믿음이 성장하도록 도울 사람도 없고 하나님의 보호나 능력을 받지 못하므로 사람들은 많은 눈물을 흘릴 수밖에 없습니다. 예수 그리스도를 영접할 것과 신실하게 신앙생활을 하라는 권면을 듣지 않은 것을 후회하며, 하나님 말씀을 찾아보기 힘든 세상에서 갖은 고난 가운데 믿음을 지켜야 하기 때문입니다.

이들 중 어떤 사람들은 666표를 받지 않기 위해서 깊은 산 속으로 숨어 들어갑니다. 666표를 받지 않으면 매매할 수 없기에 식량을 구할 수 없으니 나무뿌리를 캐거나 짐승을 잡아 연명해야 합니다. 그러나 7년 대환난의 후반인 3년 반 동안에는 군대까지 총동원하여 집요하게 추적하기 때문에 아무리 깊은 산 속에 숨는다 해도 결국에는 적발되어 적그리스도의 군대 앞에 서게 됩니다.

짐승의 정부는 표를 받지 않는 사람들을 색출하여 주님을 부인하고 666표를 받도록 혹독한 고문을 하므로 결국 많은 사람이 극심한 고통과 두려움을 인하여 표를 받습니다. 너무나 잔혹한 고문이 이어지므로 순교의 자리에 이른다는 것은 참으로 어려운 일입니다.

따라서 사람의 한계를 초월하는 굳은 의지로 고문을 이기고 순교한 극소수의 사람만이 구원받아 천국에 이릅니다. 이렇게 7년 대환난 때 끝까지 주를 배반하지 않고 생명을 드려 순교함으로 구원받는 이들이 나오는데 이것이 바로 이삭줍기 구원입니다.

하나님께서는 선민 이스라엘의 이삭줍기 구원을 위해 특별히 준비해 두신 비밀이 있습니다. 바로 두 증인과 피난처 페트라 성입니다.

두 증인의 등장과 사역

요한계시록 11장 3절을 보면 "내가 나의 두 증인에게 권세를 주리니 저희가 굵은 베옷을 입고 일천이백육십 일을 예언하리라" 말씀하고 있습니다. 두 증인은 하나님께서 선민 이스라엘을 구원하고자 특별히 섭리한 사람들로서 이스라엘에 있는 유대교인들에게 구약에 예언된 메시아가 바로 예수 그리스도임을 증거합니다.

하나님께서는 제게 두 증인에 대해 말씀해 주신 적이 있습니다. 이들은 나이가 그리 많지 않으며 정도를 걷는 자, 중심이 곧은 자라 말씀하셨지요. 그중의 한 사람이 하나님께 올리는 고백을 들려 주셨습니다. 자신은 어릴 때부터 유대교를 믿어 왔는데, 많은 사람이 예수 그리스도를 믿고 그분에 대해 이야기하니 어느 것이 정확한 것이고, 진리인지를 깨닫게 해 주시기를 간구하는 내용입니다.

"하나님이여!
이 마음에 곤고함은 어인 일이며
어릴 적부터 부모로부터 들었고 말했던
모든 것이 진실임을 믿지만

깨어 들을지어다

내 마음에 곤고함과 궁구되는 이 일은 어쩐 일입니까?

많은 사람이 말하고 많은 사람이 메시아를 이야기하되

그것을 믿는 것이 옳은지 아니면

내가 어릴 때부터 들어온 이 모든 것을

그대로 받아들이는 것만이 옳은지,

내게 확실한 증거로 보일 수만 있다면,

내가 그것을 인해 즐거워하며 감사하겠으나…

내 눈에 보이는 것이 없고 많은 사람이 말하는

것을 따르자니 내가 어릴 때부터 지켜 온

모든 것이 허무한 것이요, 어리석은 것임을

또한 생각해 보아야 하니 어떤 것이 옳은 것인지요?

아버지 하나님! 정녕 하나님께서 허락하신다면

모든 것을 세울 수 있으며, 모든 것을 깨우칠 수 있는 사람을

보이셔서 어떤 것이 정확한 것이요

진리인지 깨달아 알게 하소서.

이 곤고함과 답답함을

해결해 줄 사람이 있다면 이 앞에 나타나게 하시고,

내가 믿어 온 모든 것을

스스로 배신할 수 없지만

깨어라 이스라엘

내가 궁구하는 것을 깨우쳐 주고 보일 수 있는 분이 있다면,

그것이 사실인 것을 내게 보일 수만 있다면,

내가 그동안 배우고 보아 온 모든 것을

배신하는 것이 아니오니

아버지 하나님이여!

내게 보이시고 깨달음을 주소서.

너무나 많은 것이 고민되고 그동안 들었던 모든 것이

참이요 진리라고 믿지만

그러나 생각하면 할수록 많은 것에서 의문이 되고

해갈되지 않음은 어쩐 일인지요?

그러므로 이 같은 것을 볼 수 있고 확신할 수만 있다면,

내가 궁구해 온 것을 알 수만 있다면

그것으로 인해 마음에 평안함을 얻을 수 있겠습니다.”

유대인이지만 두 증인은 무엇이 참인지를 궁구하는 그들의 간구대로 하나님께서 보내신 하나님의 사람을 통해 인간 경작의 섭리를 깨닫고 예수 그리스도를 영접합니다. 그리고 이스라엘의 회개와 구원을 위해 7년 환난 중에 이 땅에 남아 사역하게 됩니다. 이들에게는 하나님께서 주신 특별한 능력이 임하고 이들이 이스라엘을 향해 예수 그리스도를 증거하는 것입니다.

깨어 들을지어다

두 증인은 하나님 앞에 온전히 성결한 사람으로 사역 기간은 요한 계시록 11장 2절에 나온 대로 마흔두 달입니다. 두 증인이 이스라엘에서 나오는 것은 복음의 출발과 종착이 모두 이스라엘이기 때문입니다. 사도 바울에 의해 전 세계로 전파된 복음이 마지막으로 이스라엘에까지 이르면 복음 전파의 역사가 끝납니다.

사도행전 1장 8절에 "오직 성령이 너희에게 임하시면 너희가 권능을 받고 예루살렘과 온 유대와 사마리아와 땅 끝까지 이르러 내 증인이 되리라" 하셨는데 여기서 땅 끝은 복음의 종착지인 이스라엘을 말합니다.

두 증인은 이스라엘 백성에게 십자가의 도와 이를 통한 구원에 대해 증거하며 놀라운 기사와 표적을 행합니다. 큰 권세를 가지고 하늘을 닫아 그 예언을 하는 동안 비 오지 못하게 하고, 또 권세를 가지고 물을 피로 변하게 하며 아무 때에든지 원하는 대로 여러 재앙을 내리게 하는 것입니다.

이를 통해 그나마 선이 있는 사람들은 회개하여 주께 돌아오지만 적그리스도와 악한 사람들은 오히려 더욱 악을 발합니다. 두 증인의 권능이 크면 클수록 그들에게 위협을 느끼며 미워합니다. 자신들의 권세에 도전하며 사회를 어지럽히고 혼란케 하는 세력으로 생각하여 그들을 죽일 기회를 엿보는 것입니다.

두 증인의 순교와 부활

두 증인의 권능이 매우 크므로 쉽게 해하지 못하며 결국 그들을 죽이기 위해 나라의 권세가 동원됩니다. 물론 이들이 죽는 것은 권세자들 때문이 아닙니다. 때가 되어 순교하는 것이 하나님의 뜻입니다. 이렇게 두 증인이 죽는 곳은 공교롭게도 예수님이 십자가에 못 박히신 곳이어서 부활과 연관된다는 사실을 짐작할 수 있습니다.

예수님께서 돌아가셨을 때에는 시체를 훔쳐가지 못하도록 로마 군병들을 동원하여 지키게 했지만 결국 시체가 사라졌습니다. 부활하셨기 때문입니다.

이런 전례가 있으므로 두 증인을 죽인 자들은 그들의 시체가 없어질 것을 염려하여 무덤에 장사조차 하지 않고 전 세계인들이 시체를 볼 수 있도록 거리에 그대로 둡니다. 두 증인이 전하는 복음으로 인해 양심이 찔려 괴로움을 당했던 사람들은 그들의 죽음을 너무나 기뻐합니다.

온통 축제 분위기 속에 3일 반 동안 두 증인의 죽음에 관한 뉴스가 위성을 통해 전 세계에 방영됩니다. 적그리스도와 그에 동조하는 세력은 자신들의 승리를 공포합니다. 두 증인이 얼마나 불순한 세력인지 홍보하며, 이들이 죽었으니 이제 불안한 삶이 그쳤다고 말합니다.

그런데 놀라운 일이 생깁니다. 죽은 지 3일 반 만에 두 증인이 부활하지요. 적그리스도는 두 증인을 참혹하게 죽여 시체를 세상에 공개

깨어 들을지어다

했는데 그들이 하나님의 능력으로 살아난 것입니다. 엘리야가 회리바람을 타고 하늘로 올라갔듯이 다시 살아난 두 증인은 영광의 구름을 타고 하늘로 올라가는데 이 장면까지 매스컴을 통해 전 세계 사람들이 목도합니다.

　바로 이때 큰 지진이 일어나 성의 십분의 일이 무너지고 지진에 죽은 사람이 칠천 명이 됩니다. 요한계시록 11장 3-13절을 보면 이에 대해 자세히 말씀합니다.

"내가 나의 두 증인에게 권세를 주리니

저희가 굵은 베옷을 입고 일천이백육십 일을 예언하리라 …

저희가 권세를 가지고 하늘을 닫아

그 예언을 하는 날 동안 비 오지 못하게 하고

또 권세를 가지고 물을 변하여 피 되게 하고

아무 때든지 원하는 대로 여러 가지 재앙으로 땅을 치리로다

저희가 그 증거를 마칠 때에 무저갱으로부터 올라오는 짐승이

저희로 더불어 전쟁을 일으켜 저희를 이기고

저희를 죽일 터인즉 저희 시체가 큰 성 길에 있으리니

그 성은 영적으로 하면 소돔이라고도 하고 애굽이라고도 하니

곧 저희 주께서 십자가에 못 박히신 곳이니라

백성들과 족속과 방언과 나라 중에서

사람들이 그 시체를 사흘 반 동안을 목도하며

무덤에 장사하지 못하게 하리로다

이 두 선지자가 땅에 거하는 자들을 괴롭게 한고로

땅에 거하는 자들이 저희의 죽음을 즐거워하고 기뻐하여

서로 예물을 보내리라 하더라

삼 일 반 후에 하나님께로부터 생기가 저희 속에 들어가매

저희가 발로 일어서니 구경하는 자들이 크게 두려워하더라

하늘로부터 큰 음성이 있어 이리로 올라오라 함을 저희가 듣고

구름을 타고 하늘로 올라가니 저희 원수들도 구경하더라

그 시에 큰 지진이 나서 성 십분의 일이 무너지고 지진에

죽은 사람이 칠천이라 그 남은 자들이 두려워하여

영광을 하늘의 하나님께 돌리더라"

비록 강퍅한 사람일지라도 이러한 지진과 두 증인의 부활 승천이 하나님의 역사임을 깨닫습니다. 또한 약 2천 년 전에 주님께서 부활하신 것도 인정하지 않을 수 없게 됩니다. 그런데도 악한 사람은 여전히 돌이키지 않습니다.

여러분은 끝까지 우리를 구원하기 원하시는 하나님의 사랑과 하나님께서 예비한 두 증인의 말에 귀 기울이시기를 바랍니다. 두 증인은 큰 권능을 행하여 그들이 하나님께로서 왔음을 증거하며 여러분을 향한 하나님의 사랑과 뜻을 깨우쳐 줄 것입니다. 또한 여러분이 마지막 구원의 기회를 붙잡을 수 있도록 그 길을 인도할 것입니다.

깨어 들을지어다

유대인의 피난처 페트라

하나님께서 선민 이스라엘을 위해 예비한 또 다른 비밀은 7년 환난의 피난처 페트라입니다. 이사야 16장 1-4절을 보면 "너희는 이 땅 치리자에게 어린 양들을 드리되 셀라에서부터 광야를 지나 딸 시온산으로 보낼지니라 … 너는 모략을 베풀며 공의로 판결하며 오정 때에 밤 같이 그늘을 짓고 쫓겨난 자를 숨기며 도망한 자를 발각시키지 말며 나의 쫓겨난 자들로 너와 함께 있게 하되 너 모압은 멸절하는 자 앞에서 그 피할 곳이 되라 대저 토색하는 자가 망하였고 멸절하는 자가 그쳤고 압제하는 자가 이 땅에서 멸절하였으며" 하셨습니다.

모압 땅은 이스라엘 동편에 있는 현재의 요르단에 해당합니다. 요르단 내 사해 남동부의 광야에 성경에는 '셀라'(사 16:1, 왕하 14:7)라는 이름으로 알려진 '페트라(Petra: 바위)'라는 곳이 있습니다.

주님께서는 공중 강림하여 성도들을 맞아 7년 혼인 잔치를 베풀고 잔치가 끝나면 다시 지상에 재림하여 일정 기간 이 땅을 통치하십니다.

이렇게 휴거 후 주님이 지상에 재림하기까지의 7년 중 3년 반 동안 이스라엘 백성이 하나님의 섭리에 의해 피하여 머무는 곳이 바로 페트라입니다(계 12:6-14).

하나님께서 예비하신 곳이 꼭 요르단 광야에 있는 페트라가 아니라 해도 때가 되면 하나님께서는 이스라엘 백성을 예비한 곳으로 인도하실 것입니다.

그렇다면 유대인들에게는 왜 피난처가 필요한 것일까요?

깨어라 이스라엘

하나님께서 선민 이스라엘을 택한 이후 이스라엘은 수많은 이방 민족으로부터 핍박과 박해를 받아야 했습니다. 그 배후에는 하나님을 대적하는 원수 마귀 사단이 자리잡으면서 선민 이스라엘이 하나님의 뜻 가운데 축복받는 것을 어떻게든 막으려 했기 때문입니다. 이는 마지막 때에도 마찬가지입니다.

7년 대환난을 통해 자신들의 구세주가 예수 그리스도임을 깨닫고 돌이키려는 이스라엘 민족에게 원수 마귀 사단은 끝까지 핍박함으로써 그들이 믿음을 지키지 못하도록 합니다.

그러므로 모든 것을 아시는 하나님은 선민 이스라엘을 위해 그들이 피할 수 있는 피난처를 예비하여 마지막까지 사랑의 배려를 아끼지 않습니다. 이스라엘은 자신을 멸하려는 적그리스도의 세력을 피해 하나님이 예비해 놓은 피난처로 들어가 지내게 됩니다.

마태복음 24장 16절을 보면 예수님께서 "그때에 유대에 있는 자들은 산으로 도망할지어다" 말씀하셨는데 바로 이곳에서 유대인들은 7년 환난의 재앙을 피하고 신앙을 지킴으로 구원에 이릅니다.

출애굽 당시 애굽의 장자들을 멸할 때에 이스라엘 백성은 문설주와 인방에 어린 양의 피를 발라 장자의 죽음을 면했습니다. 이번에도 마찬가지입니다. 이스라엘 백성끼리는 어디로 피해야 할지 신속히 연락해서 적그리스도의 정부에 의해 체포되기 전에 도피할 곳으로 이동합니다. 도피성 페트라에 대해서는 이미 외치는 자들이 늘 증거해 두었기 때문에 알고 있는 상태이며 알지만 믿지 않았던 이들도 때가 되면 깨닫고 피할 길을 찾아가지요.

물론 이곳으로 피할 수 있는 사람이 많은 것은 아닙니다. 두 증인으로 인하여 돌이켜 회개한 수많은 사람이 미처 피난처로 피하지 못한 가운데 7년 대환난의 재앙 속에서 끝까지 신앙을 지키다가 순교에 이르기 때문입니다.

두 증인과 페트라에 담긴 하나님의 사랑

사랑하는 여러분! 이미 휴거라는 구원의 기회를 잃었습니까? 그렇다면 지체하지 말고 마지막 은혜의 기회인 페트라로 신속히 피하시기 바랍니다. 이제 곧 적그리스도에 의한 무서운 재앙이 임합니다. 적그리스도가 훼방하여 그 마지막 은혜의 문마저 닫히기 전에 페트라로 도피할 수 있어야 합니다.

혹여 페트라 성에 들어갈 기회마저 잃었습니까? 이제 여러분이 구원받아 천국에 이를 수 있는 길은 끝까지 예수 그리스도를 부인하지 않고 666표를 받지 않으며 적그리스도에 의해 행해지는 모진 고문을 이기고 순교하는 것입니다. 그것이 결코 쉬운 일은 아닐지라도 영원한 지옥 불못 가운데서 세세토록 고통받지 않기 위해서는 그 길을 가야 합니다.

하나님의 끊임없는 사랑을 기억하며 끝까지 승리하시기 바랍니다. 이 땅에서 적그리스도에 의해 행해지는 온갖 유혹과 극심한 핍박에 대항하여 눈물겨운 싸움을 할 때 우리 믿음의 형제들도 여러분이 승리하기를 간절히 기도하며 응원할 것입니다.

그러나 간절히 원하기는 이 일이 이르기 전에 여러분이 예수 그리스도를 영접함으로 구원받아 주님이 강림하실 때에 우리와 함께 공중 혼인 잔치에 참예하는 것입니다. 하나님께서 위대한 조상들의 믿음의 행적과 그들에게 하신 약속을 기억하고 여러분에게 다시 한 번 큰 구원의 은혜를 베풀기를 끊임없는 사랑의 눈물로 간구하고 있습니다.

어찌하든 여러분이 회개하고 돌이켜 예수 그리스도를 구세주로 영접하여 구원받을 수 있도록 두 증인과 피난처 페트라를 예비하며 인간 경작의 마지막 순간까지 여러분을 놓지 않는 끊임없는 하나님의 사랑을 기억하시기 바랍니다.

하나님께서는 임박한 환난을 앞두고 두 증인을 보내기 전에 하나님의 사람을 보내 마지막 때 될 일에 대해 분명히 말씀해 주시며 여러분을 구원의 길로 인도하십니다. 한 사람이라도 7년 환난에 떨어지지 않기를 간절히 바라시며 혹여 떨어졌다 해도 다시 마지막 구원의 끈이라도 잡기를 원하는 하나님의 크신 사랑이 아닐 수 없습니다.

이제 7년 대환난의 서막이 오를 날이 머지않았습니다. 개국 이래로 지금까지 없었던 환난 속에서도 하나님께서는 끝까지 이스라엘을 향한 섭리와 사랑을 베푸실 것입니다. 그리고 인간 경작의 모든 마무리

깨어 들을지어다

는 이스라엘 민족의 역사와 함께 이루어집니다.

만일 지금이라도 이스라엘이 하나님의 참뜻을 깨달아 예수님을 구세주로 영접하여 이스라엘의 역사를 성경에서 다시 쓰게 된다 해도 하나님께서는 그렇게 되기를 바랄 것입니다. 이스라엘을 향한 하나님의 사랑은 사람의 상상을 초월하는 것이기 때문입니다.

그러나 많은 이스라엘 백성이 회개할 수 있는 결정적인 계기를 만날 때까지는 변함없이 그들이 원하는 길을 갈 것입니다. 다만 전지전능한 하나님께서는 모든 일을 아시기 때문에 이스라엘이 마지막 때에라도 구원받을 수 있도록 섭리하고 끊임없는 사랑으로 이끄시는 것입니다.

"보라 여호와의 크고 두려운 날이 이르기 전에

내가 선지 엘리야를 너희에게 보내리니

그가 아비의 마음을 자녀에게로 돌이키게 하고 자녀들의 마음을

그들의 아비에게로 돌이키게 하리라" (말라기 4:5-6)

이처럼 한량없는 사랑 가운데 선민 이스라엘뿐 아니라 만민을 구원의 길로 인도해 주시는 하나님께 모든 감사와 영광을 돌립니다.

멈추지 않는다 신앙 간증 수기 II

상상할 수 없는 시련 가운데 어떻게 믿음의 승리를 이루어 왔는가?
치열한 영적 싸움의 현장에서 놀라운 권능과
불같은 성령의 역사를 일으킨 원동력은 무엇인가?

젖과 꿀이 흐르는 땅 가나안 정복사

수천 년의 시간을 뛰어넘어 바라다본 이스라엘 역사를 통해
우리가 간과하기 쉬운 미세한 일들이
삶에 얼마나 큰 반향을 일으키는지
마음 깊이 깨닫게 하는 감동의 메시지!

깨어라! 이스라엘

마지막 때 숨겨진 하나님의 사랑과 비밀

간절히 메시아를 기다려 왔던 모든 유대인들에게
하나님의 사랑을 깨닫게 하며,
마지막 때를 살아가는 온 인류에게 전하는 경고의 메시지!

주님의 자취(상·하) 요한복음 강해

탄생부터 고난, 부활 승천에 이르기까지
예수님의 행적에 담긴 깊은 영적인 의미를 깨우쳐 줌으로
영적 성장은 물론, 응답과 축복의 길로 안내할 예수님의 일대기

일곱교회 모든 교회를 깨우시는 주님의 메시지

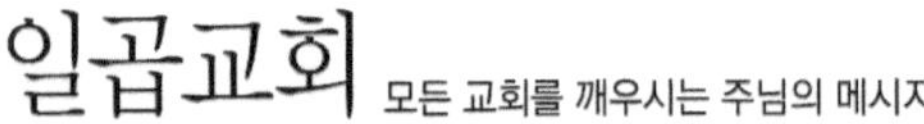

사도 요한을 통한 교회의 참 모습을 찾으시는 주님의 간절한 외침,
일곱 별의 비밀은 무엇인가?
주님께서 진정 기뻐하시는 교회는 어떤 교회인가?

전화 02-837-7632, 070-8240-2072, 팩스 02-869-1537 우림북 urimbooks.com
전자책(e-book) 구입안내 : 한국어 및 외국어 번역 도서 – 인터넷 교보, 리디북스 등 전자책 서점, 아마존닷컴(amazon.com), Google Play, iBookstore

신앙 간증 수기 I

죽음 앞에서 영생을 맛보며

16개 언어로 출간

사망의 음침한 늪에서 하루아침에 다시 태어난
이재록 목사의 생생한 간증 수기

십자가의 도 전 세계인의 필독서

57개 언어로 출간

전 세계 무수한 영혼을 영적인 잠에서 깨우고
참 생명을 얻게 해준 감동의 메시지!
하나님의 참사랑이 이곳에 담겨 있다.

천 국(상) 수정같이 맑고 아름다운 곳

15개 언어로 출간

하나님의 영광 가운데 영원히 행복과 영화를 누릴
황홀한 천국 생활에 대해 생생하게 묘사한 그림 같은 메시지

천 국(하) 하나님의 영광이 드리운 곳

14개 언어로 출간

황홀한 황금보석 집에서 천사들의 수종을 받으며
세세토록 왕 노릇 하는 새 예루살렘,
그곳에서의 일들이 궁금하지 않으십니까?

지 옥 이제까지 밝혀지지 않았던 지옥의 참상

20개 언어로 출간

한 영혼도 지옥에 떨어지지 않기를 원하시는 하나님께서
온 인류에게 보내는 간절한 사랑의 메시지

믿음의 분량 믿음의 단계별 지침서

18개 언어로 출간

각 사람의 믿음에 따라 천국에서는 어떤 처소와 상급을 받을까?
현재 자신의 믿음의 분량을 측정해 볼 수 있게 하며,
믿음의 선진들처럼 최고의 분량에 이르는 길을
구체적으로 제시하고 있다.

치료하는 여호와

18개 언어로 출간

질병에 걸리지 않고 건강하게 살아가는 길,
상한 마음과 질병으로 인한 육체적 고통까지 다 치료하시는
능력의 하나님을 만나도록 이끌어줄 것이다.

깨어라! 이스라엘

마지막 때 숨겨진 하나님의 사랑과 비밀

15개 언어로 출간

간절히 메시아를 기다려 온 모든 유대인에게
하나님의 사랑을 깨닫게 하며,
마지막 때를 살아가는 온 인류에게 전하는 경고의 메시지!

깨어라!
이스라엘

초판 1쇄 발행   2007. 11. 11.
 2판 1쇄 발행   2008. 7. 7.
       2쇄 발행   2012. 1. 15.
발 행 인   빈성건
편 집 인   빈금선
발 행 처   우림북
전   화
   (편집부) TEL   02)851-3845, 070-8240-5611
              FAX 02)851-3854
   (영업부) TEL   02)837-7632, 070-8240-2072
              FAX   02)869-1537
등록번호   제1-904호

ISBN 978-89-7557-114-5

우림

우림은 구약 시대에 대제사장이 하나님의 뜻을 묻기 위해 사용하던 판결 흉패로써
히브리어로 '빛'이라는 의미가 있습니다(출애굽기 28:30).
빛은 곧 하나님 말씀이며 생명입니다.
우림북은 온 누리에 참 빛을 비추고자 오늘도 기도와 정성으로 문서선교 사역에 앞장서고 있습니다.